高职高专工学结合课程改革规划教材

Qiche Cheshen Gouzao yu Xiufu

汽车车身构造与修复

（汽车运用技术专业用）

交通职业教育教学指导委员会
汽车运用与维修专业指导委员会　组织编写

李远军　陈建宏　主　编
　　　　文爱民　主　审

人民交通出版社

内 容 提 要

本书是高职高专工学结合课程改革规划教材,是在各高等职业院校积极践行和创新先进职业教育思想和理念,深入推进"校企合作、工学结合"人才培养模式的大背景下,由交通职业教育教学指导委员会汽车运用与维修专业指导委员会根据新的教学标准和课程标准组织编写而成。

本教材参考国内外汽车修复方面的最新资料,以培养学生熟悉汽车车身结构和车身维修操作的基本能力为编写主旨,内容主要包括车身结构认识及附件的拆装、车身板件维修作业——焊接作业、车身板件维修作业——其他作业、车身轻微损伤的修复、车身维修定价共 5 个学习任务。

本书主要供高职高专院校汽车运用技术、汽车整形技术、汽车检测与维修专业教学使用。

图书在版编目(CIP)数据

汽车车身构造与修复/李远军,陈建宏主编. —北京:人民交通出版社,2012.3
高职高专工学结合课程改革规划教材
ISBN 978 - 7 - 114 - 09603 - 7

Ⅰ.①汽… Ⅱ.①李…②陈… Ⅲ.①汽车 - 车体结构 - 高等职业教育 - 教材②汽车 - 车体 - 车辆修理 - 高等职业教育 - 教材 Ⅳ.①U463.82

中国版本图书馆 CIP 数据核字(2012)第 007277 号

高职高专工学结合课程改革规划教材

书 名:	汽车车身构造与修复
著 作 者:	李远军　陈建宏
责任编辑:	张　强
出版发行:	人民交通出版社
地 址:	(100011)北京市朝阳区安定门外外馆斜街 3 号
网 址:	http://www.ccpress.com.cn
销售电话:	(010)59757973
总 经 销:	人民交通出版社发行部
经 销:	各地新华书店
印 刷:	北京盈盛恒通印刷有限公司
开 本:	787×1092　1/16
印 张:	13.5
字 数:	316 千
版 次:	2012 年 3 月　第 1 版
印 次:	2016 年 11 月　第 3 次印刷
书 号:	ISBN 978-7-114-09603-7
定 价:	38.00 元

(有印刷、装订质量问题的图书由本社负责调换)

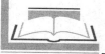

交通职业教育教学指导委员会
汽车运用与维修专业指导委员会

主 任 委 员：魏庆曜

副主任委员：张尔利　汤定国　马伯夷

委　　　员：王凯明　王晋文　刘　锐　刘振楼

　　　　　　　刘越琪　许立新　吴宗保　张京伟

　　　　　　　李富仓　杨维和　陈文华　陈贞健

　　　　　　　周建平　周柄权　金朝勇　唐　好

　　　　　　　屠卫星　崔选盟　黄晓敏　彭运钧

　　　　　　　舒　展　韩　梅　解福泉　詹红红

　　　　　　　裴志浩　魏俊强　魏荣庆

秘　　　书：秦兴顺

编审委员会

公共平台组

组　　长：魏庆曜
副 组 长：崔选盟　周林福
成　　员：王福忠　林　松　李永芳　叶　钢　刘建伟　郭　玲
　　　　　马林才　黄志杰　边　伟　屠卫星　孙　伟
特邀主审：郭远辉　杨启勇　崔振民　韩建保　李　朋　陈德阳

机电维修专门化组

组　　长：汤定国
副 组 长：陈文华　杨　洸
成　　员：吕　坚　彭小红　陈　清　杨宏进　刘振楼　王保新
　　　　　秦兴顺　刘　成　宋保林　张杰飞
特邀主审：卞良勇　黄俊平　寒小平　张西振　疏祥林　李　全
　　　　　黄晓敏　周建平

维修服务顾问专门化组

组　　长：杨维和
副 组 长：刘　焰　杨宏进
成　　员：韦　峰　罗　双　周　勇　钱锦武　陈文均　刘资媛
　　　　　金加龙　王彦峰　杨柳青
特邀主审：吴玉基　刘　锐　张　俊　邹小明　熊建国

保险与公估专门化组

组　　长：张尔利
副 组 长：阳小良　彭朝晖
成　　员：李远军　陈建宏　侯晓民　肖文光　曹云刚　廖　明
　　　　　荆叶平　彭晓艳
特邀主审：文爱民　任成尧　李富仓　刘　璘　冷元良

前 言

　　为落实《国家中长期教育改革和发展规划纲要（2010—2020年）》精神，深化职业教育教学改革，积极推进课程改革和教材建设，满足职业教育发展的新需求，交通职业教育教学指导委员会汽车运用与维修专业指导委员会按照工学结合一体化课程的开发程序和方法编制完成了《汽车运用技术专业教学标准和课程标准》，在此基础上组织全国交通职业技术院校汽车运用技术专业的骨干教师及相关企业的专业技术人员，编写了本套规划教材，供高职高专院校汽车运用技术、汽车检测与维修专业教学使用。

　　本套教材在启动之初，交通职业教育教学指导委员会汽车运用与维修专业指导委员会又邀请了国内著名职业教育专家赵志群教授为主编人员进行了关于课程开发方法的系统培训。初稿完成后，根据课程的特点，分别邀请了企业专家、本科院校的教授和高职院校的教师进行了主审，之后又专门召开了两次审稿会，对稿件进行了集中审定后才定稿，实现了对稿件的全过程监控和严格把关。

　　本套教材在编写过程中，主要编写人员认真总结了全国交通职业院校多年来的教学成果，结合了企业职业岗位的客观需求，吸收了发达国家先进的职业教育理念，教材成稿后，形成了以下特色：

　　1. 强调"校企合作、工学结合"。汽车运用技术专业建设，从市场调研、职业分析，到教学标准、课程标准开发，再到教材编写的全过程，都是职业院校的教师与相关企业的专业人员一起合作完成的，真正实现了学校和企业的紧密结合。本专业核心课程采用学习领域的课程模式，基于职业典型工作任务进行课程内容选择和组织，体现了工学结合的本质特征——"学习的内容是工作，通过工作实现学习"，突出学生的综合职业能力培养。

　　2. 强调"课程体系创新，编写模式创新"。按照整体化的职业资格分析方法，通过召开来自企业一线的实践专家研讨会分析得出职业典型工作任务，在专业教师和行业专家、教育专家共同努力下进行教学分析和设计，形成了汽车运用技术专业新的课程体系。本套教材的编写，打破了传统教材的章节体例，以具有代表性的工作任务为一个相对完整的学习过程，围绕工作任务聚焦知识和技能，体现行动导向的教学观，提升学生学习的主动性和成就感。

前言

《汽车车身构造与修复》是本套教材中的一本,具有以下特点:

1. 注重了"实用为主、够用为度"的指导思想,突出"强化应用、培养学生车身修复基本技能、重点培养轻微损伤修复技能为教学重点"的原则。

2. 体现职业教育的特色,减少理论叙述,加大任务实施操作。

3. 遵循学生循序渐进的认知规律,讲解的实例帮助学生由浅入深地学习。

4. 语言简朴、图文并茂、注重实用、操作性强。

5. 引入拓展知识,可进行分层教学。

参加本书编写工作的有:福建交通职业技术学院陈建宏、叶振球(编写学习任务1)、湖北交通职业技术学院陈庭(编写学习任务2、3)、湖北交通职业技术学院李远军(编写学习任务4)、湖北交通职业技术学院胡新宇(编写学习任务5)。同时在编写过程中得到了南京交通职业技术学院汤奇国老师,河南交通职业技术学院程建忠老师的大力支持,在此一并表示感谢。全书由湖北交通职业技术学院李远军、福建交通职业技术学院陈建宏担任主编,南京交通职业技术学院文爱民担任主审。

限于编者经历和水平,教材内容难以覆盖全国各地的实际情况,希望各教学单位在积极选用和推广本系列教材的同时,注重总结经验,及时提出修改意见和建议,以便再版修订时补充完善。

交通职业教育教学指导委员会
汽车运用与维修专业指导委员会
2011 年 6 月

目 录

学习任务1　车身结构认识及附件的拆装 ·· 1
　一、知识准备 ·· 2
　二、任务实施 ·· 31
　　项目1　发动机舱盖的拆装与调整作业 ·· 31
　　项目2　车门的拆装与调整作业 ··· 35
　三、学习评价 ·· 38
　四、拓展学习 ·· 40

学习任务2　车身板件维修作业——焊接作业 ···································· 43
　一、知识准备 ·· 44
　二、任务实施 ·· 67
　　项目　仿车身C柱焊接修复作业 ·· 67
　三、学习评价 ·· 72
　四、拓展学习 ·· 73

学习任务3　车身板件维修作业——其他作业 ···································· 77
　一、知识准备 ·· 78
　二、任务实施 ·· 103
　　项目　车身损伤检测与修复 ··· 103
　三、学习评价 ·· 110

学习任务4　车身轻微损伤的修复 ·· 112
　一、知识准备 ·· 113
　二、任务实施 ·· 133
　　项目1　前翼子板的修复 ·· 133
　　项目2　车门面板的修复 ·· 139
　　项目3　保险杠焊接修复 ·· 142
　三、学习评价 ·· 145

学习任务5　车身维修定价 ·· 149

目录

一、知识准备 …………………………………………………………… 150
二、任务实施 …………………………………………………………… 183
    项目1 受损车辆的检查与鉴定作业 …………………………… 183
    项目2 分析损伤程度作业 ………………………………………… 187
    项目3 车损维修费用预算作业 …………………………………… 193
三、学习评价 …………………………………………………………… 199
四、拓展学习 …………………………………………………………… 201
  参考文献 ……………………………………………………………… 205

学习任务1　车身结构认识及附件的拆装

 工作情境描述

一辆轿车行驶了5万多千米,最近,车主感觉到车辆行驶过程中,特别是在通过坑洼路时,车身部时常发生"吱吱"的响声。车主将车开到4S店,请你帮助解决这一问题。

 学习目标

1. 能描述车身的发展过程与结构类型;
2. 能描述轿车车身的特点;
3. 能描述轿车车身的具体结构、构件安装和连接关系;
4. 能了解现代轿车防碰撞车身结构的特点;
5. 能描述车身主要附属设备的结构和工作原理;
6. 根据汽车维修手册规范完成车身外部板件及装饰件的拆装与调整作业。

 学习时间

16学时。

 学习引导

本学习任务沿着以下脉络进行学习:

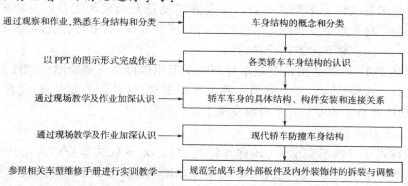

一、知识准备

1 车身的功用与类型

1）汽车车身的概述

汽车车身、发动机和底盘是汽车的三大重要组成部分。现代汽车车身不仅具有运输的功能，而且还是活动的房子，有建筑物的雕塑美和居住功能的舒适性及安全性。另外，车身还是一件精致的艺术品，以其明晰的雕塑形体、优雅的装饰件和内部覆饰材料以及悦目的色彩，令人获得美的享受。

2）汽车车身的功用

汽车车身既是驾驶员的工作场所，也是容纳乘客和货物的空间。

3）对汽车车身的要求

①能给驾驶员提供良好的操作条件，能给乘客提供舒适的乘坐条件，保护他们免受汽车行驶时振动、噪声、废气的侵袭及外界恶劣气候的影响。

②保证完好无损地运载货物且装卸方便。

③保证行车安全和减轻事故后果。

④保证汽车具有合理的外部形状，行驶时能有效引导周围气流，以减少空气阻力和燃油消耗。

⑤保证汽车行驶稳定性和改善发动机的冷却条件，并使室内通风良好。

4）汽车车身的种类和车架形式

（1）汽车车身的种类。汽车车身一般可按用途分类、按所用材料分类、按与底盘的连接方式分类，但是更多的是按受力的情况分类，即有非承载式、半承载式和承载式车身之区分。

①非承载式车身又称有车架式车身。其特点是车身与车架通过弹性元件连接，汽车车身仅承受本身和所载客、货的重力以及汽车行驶时的惯性力与空气阻力；而发动机、底盘这些部件工作时的作用力以及汽车行驶时道路对汽车的外加荷载等都由车架承受。

②承载式车身也称无车架式车身。车身底架就是发动机和底盘各总成的安装基础。全部荷载都由车身来承受。其优点是抗弯、抗扭、刚度较高、质量轻、地板高度较低，能更有效地利用厢内空间。轿车多采用这种结构。

③半承载式车身，其结构特点是车身与前支架用焊接法或螺栓刚性连接，二者成为一体而承受荷载。这种结构实质上是另一种无车架车身，只是装了前支架，起着一部分车架的作用，发动机和悬架均安装在车身前支架上。

（2）汽车车身的车架形式。

①非承载式车身的车架形式（或称大梁类型）。非承载式车身的大梁式车架的基本结构由两条侧梁和几条横梁构成，大梁式车架如图1-1所示，可以根据其形状分成多种类型。

a. 梯形大梁。梯形大梁是原始的机动车大梁，由两个平行的侧梁通过几条横梁连接起来。即使在今天,这也是重型车辆上最常见的大梁类型。通常,大型货车车架使用槽钢,梯形大梁及车身如图1-2所示。

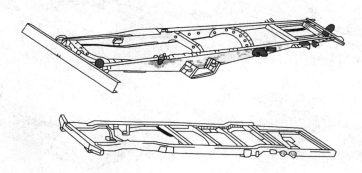

图1-1 大梁式车架

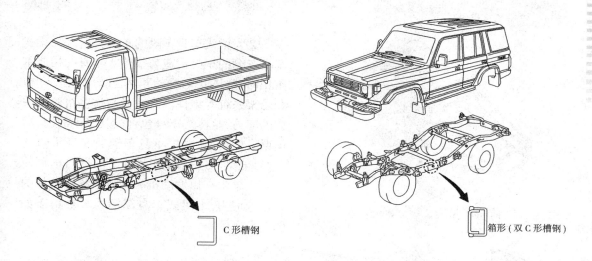

图1-2 梯形大梁及车身

b. 边框式大梁。边框式大梁是一种用于轿车的梯形大梁,其侧梁有一个大的偏心部分,从而沿车身的边框构成大梁;部分侧梁的截面形状随之改变,以保证一个平而低的底盘。边框式大梁的车身结构介于梯形大梁和整体式车身之间,边框式大梁及车身如图1-3所示。

c. 脊背式大梁。这种大梁是车辆的主干,其形状就像一个单一的通道,其基本功能与其他形式车辆上的大梁相同。脊背式大梁的一个特征就是传动轴和管路是封闭在大梁中的。这种大梁在早期的丰田运动型汽车2000GT中采用过,脊背式大梁如图1-4所示。

d. 钢管式大梁。这种大梁由焊接在一起的钢管件构成,其结构就像一个鸟笼。因为钢管式大梁车辆的底盘和车身是由钢管构成的,所以并不完全是大梁式车架。其整体形式类似于一辆由钢管制成的、经防滚架加固的赛车,这种大梁不用于普通车辆,钢管式大梁如图1-5所示。

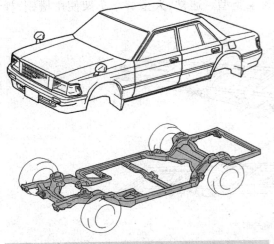

图1-3 边框式大梁及车身

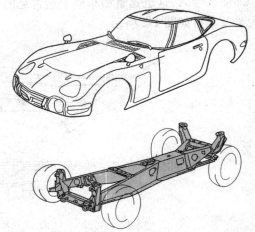

图1-4 脊背式大梁[Toyota(丰田)2000GT]

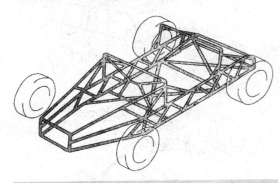

图1-5 钢管式大梁(越野车)

②大梁式车身车辆的车身构造。大梁式车身车辆的车身构造与整体式车身的构造基本相同,整体式车身的车辆上安装有发动机和悬架系统等组件。为承受与这些组件相关联的应力,整体式车身包含极其坚固的前、后侧梁。但是,大梁式车身车辆的车身不包含前、后侧梁。这是因为大梁式车身的车辆使用其大梁来支撑发动机和悬架系统等组件的重量或应力,大梁式车身车辆的车身构造如图1-6所示。

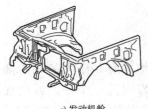

a) 发动机舱

b) 主车身

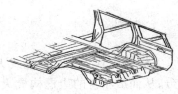

c) 主车身底视图

图1-6 大梁式车身车辆的车身构造

③大梁式车架和车身的连接。大梁式车架和车身由8~12套螺栓、螺母和橡胶衬套连接而成。由于车身安装在橡胶衬套顶部,所以驾驶时感到非常舒适。橡胶衬套分为两种类型:一种是压缩型,起到衬垫的作用;另一种是剪切型,由内套环和外套环组成,如图1-7所示。在车辆前部撞击过程中,如果大梁受到较大碰撞,则惯性将使车身移动,这可能会使车身的安装螺栓以及安装螺栓的区域受到损伤。

④大梁式车身车辆的新结构。新型大梁式车身的车辆,在设计上通过对车身增加加强

板以增强其强度,并将底盘设计为可通过前部和后部的形变来吸收碰撞能量的形式。

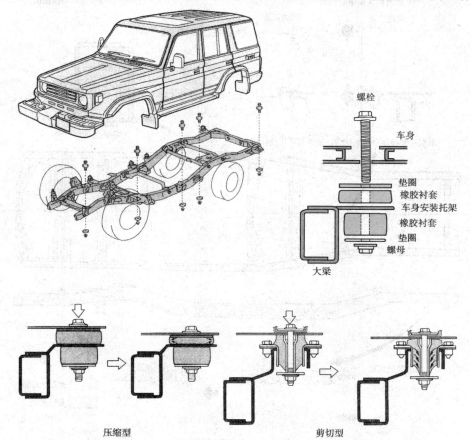

图1-7 大梁式车架和车身的连接

a. 对大梁的改动。大梁前部通过轴向压缩吸收撞击能量,而大梁后部则通过拱起的弯曲吸收撞击能量。构成底架的中心大梁具有较大的横截面积,并使用了高强度钢,以提供增加的刚度和强度。大梁中心部分的宽度也已加宽,以承受来自侧面撞击的冲击力,大梁的改动设计如图1-8所示。

b. 对车身的改动。车身的改动设计提高了车身中间位置的强度和刚度。为增强整个车身的刚度、防止车身在侧面撞击过程中变形,改动设计扩大了中柱和车门槛板的截面积,增加或加大、加厚了加强板;另一方面,使用较薄的车身外板以降低车辆总质量,车身的改动设计如图1-9所示。

2 汽车车身的发展过程和趋势

1)古代马车

在古代社会,两轮马车、四轮马车很早就被当做基本运输工具,而安装于车轮之上用于载人和载货的部分,就是车身最早的雏形,古代马车如图1-10所示。

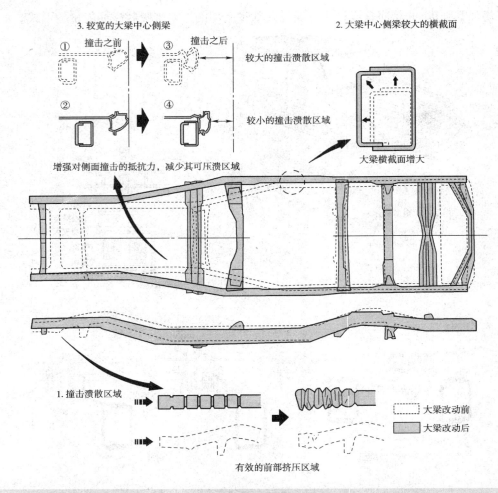

图1-8 大梁的改动设计

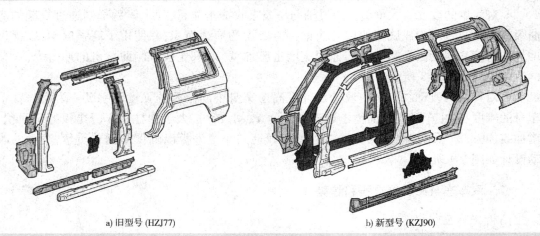

a) 旧型号 (HZJ77)   b) 新型号 (KZJ90)

图1-9 车身的改动设计

图 1-10　古代马车

2）现代汽车车身的发展阶段

现代汽车车身的发展可以追溯到马车和人力车时代，起初的车身结构都是大梁式的车身形式。

大梁式车架由两条坚固的侧梁构成。这两条侧梁由几条横梁接在一起（横梁与侧梁成90°），这种车架尽管构造简单，但很坚固。大梁的强度和刚度随其尺寸、形状、数量和材质而变化。独立大梁也称作"车架"或"底盘"。

由这种大梁构造而成的车辆（发动机和车身安装到大梁上），被称为大梁式车身车辆。大梁需要足够的强度来承受来自发动机的牵引力、悬架的冲击以及所有这些组件的质量。

在开发出整体式车身结构之前，所有的机动车都是大梁式车身。即使在开发出整体式车身结构之后，载货汽车、公共汽车等重型车辆以及某些四轮驱动车辆仍旧使用大梁式车架。

人类进入工业社会之后，汽车车身形式经历了漫长的发展过程，而轿车车身主要经历了箱形汽车、甲壳虫形汽车、船形汽车、鱼形汽车、楔形汽车和贝壳形汽车的发展演变过程，各种轿车车身外形如图1-11a）～图1-11f）所示。

3）现代轿车车身的发展趋势

在现代汽车设计的发展过程中，受能源危机的影响，越来越严格的排放标准开始实施，对汽车安全性能的要求也越来越高，同时随着客户各类需求的不断提升以及市场个性化需求和日益激烈的市场竞争也促使车型的更新换代逐渐加快。作为最能体现汽车外观和最容易在短期内进行设计变更的部分，车型的更新换代主要体现在车身结构设计的变化上。

进入21世纪后，从世界各大汽车博览会推出的多款新概念车看，汽车车身造型更加多姿多彩、更具个性化和特色。车身造型的未来发展趋势综合起来主要有以下几个方面：

（1）气动最优化。一部汽车车身造型发展史，从某种意义上说就是一部不断追求具有最佳气动造型的历史。人们一直在努力研究能够减小气动阻力且气动稳定性好的车身造型，这仍将是未来车身造型追求的目标之一，最优气动外形计算如图1-12所示。

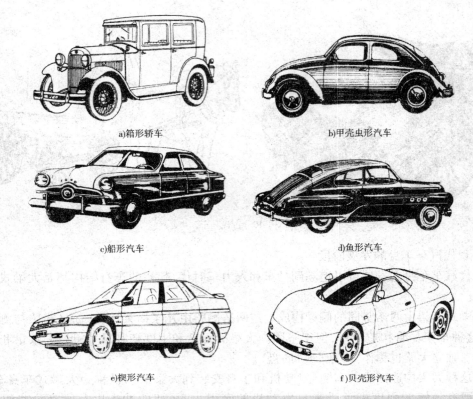

图 1-11　各种轿车车身外形
a)箱形轿车　b)甲壳虫形汽车　c)船形汽车　d)鱼形汽车　e)楔形汽车　f)贝壳形汽车

图 1-12　最优气动外形计算图

(2) 安全化。随着社会的发展，人们对轿车安全系统的要求越来越高，在汽车车身上装置了各种主动和被动的安全控制系统。而数字化、电子化和集成化的发展，也为这种要求的实现提供了技术上的可能性。

(3) 个性化。随着社会的发展，社会意识和美学观念在车身造型过程中会起到越来越大的作用，现代人对汽车样式个性化的要求也会越来越高。不同层次、不同行业、不同群体的审美意识也会大不相同。随着人类物质文化水平的不断提高、生活环境的变化以及生活方式的多样化，作为大众化商品的轿车，无疑将出现各式各样更新颖、更奇特的新车型，个性化外形的汽车如图 1-13 所示。

(4) 人性化。车身造型设计必须以人为本，体现人机协调，使用操作方便、安全、舒适，使汽车适应人的各种生理和心理要求，从而提高人们的工作效率、保障人身安全、维护人们健康。未来的车身造型设计将在车身外观设计、人机工程以及室内环境等各方面更加注重人性化的发展，选择尽量大的、舒适的、人性化的乘坐空间，更便捷的操控、更多的安全防护系统、更智能的控制方式及更多的车身外观、色彩的选择等，人性化车身的结构如图1-14a) ~图1-14f)所示。有的人性化车身结构采用了前后电动液压舱盖设计，如图 1-15 所示。

图1-13 个性化外形的汽车

a)车顶天窗结构　　　　　　　　b)全景玻璃车顶

c)可变的大空间行李舱　　　　　　d)车门车窗窗帘

e)舒适的头枕　　　　　　　　f)视觉舒适的仪表

图1-14 人性化车身结构

图1-15 前后电动液压舱盖

（5）全球化。20世纪90年代以来，面对市场和用户对新技术、新产品的需求，制造厂商必须在最短的时间内使产品更新换代，这就使得各公司不得不建立合作伙伴关系，以弥补资金和技术力量的不足，通过整合资源、优势互补以达到事半功倍的效果。这样汽车造型设计就逐步摆脱了国家和地域的束缚，日渐走向全球化，从而使汽车这一产品成为世界性商品。从近几年推出的新车型看，汽车的地域和民族风格也逐渐发生微妙的变化。各个汽车工业发达国家以及各大汽车厂家的传统风格相互影响，彼此之间呈现出"你中有我，我中有你"的态势。这种态势是为了更好地适应不同国家、区域的社会情况、人文文化、人们的生活习惯、宗教仪式、喜好和禁忌的要求，富有不同地域和民族风格特色的车身如图1-16所示。

 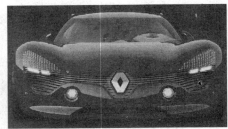

图1-16 富有不同地域和民族风格特色的车身

3 轿车车身

1）轿车车身的分类

（1）轿车车身按外形分为三厢式轿车和两厢式轿车。三厢式轿车由发动机舱、乘客室、行李舱分段隔开，形成相互独立的三段布置，故称之为三厢式轿车，其外形如图1-17a）所示。两厢式轿车后部形状按较大的内部空间设计，将乘客室与行李舱按同一段布置，故称之为两厢式轿车，其外形如图1-17b）所示。

（2）根据形状及其使用目的，轿车车身又可分为下列几种形式，如图1-18所示。

①轿车。轿车有前后两排座椅，能乘坐4至6人，由发动机舱、乘客室、行李舱组成，通常称为三厢车。由于车身前后柱倾斜度较大，所以能够提供较大的头部空间以及宽敞的室

内空间。依照车门数的不同,可分为2门和4门两种形式。

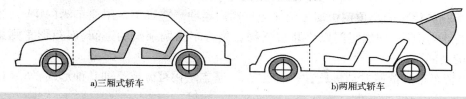

图1-17 轿车外形

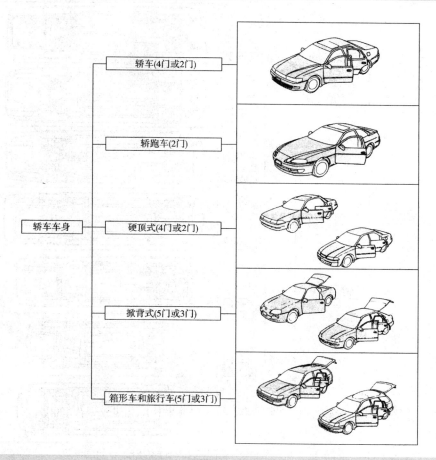

图1-18 轿车车身根据形状及其使用目的分类图示

②轿跑车。轿跑车是一部具有跑车性能以及优美外形的小客车,其后座较狭窄,不像轿车有较宽敞的空间。通常,大部分轿跑车为2门形式。

③硬顶式。此种形式车辆的中柱未连接到车顶,而且车门也没有窗框。然而,目前也有中柱与车顶连接在一起的形式,称为中柱硬顶式。不论是硬顶式或中柱硬顶式,其室内空间都比4门轿车略小。

④掀背式。掀背式小客车的尾门倾斜角度大且可掀起,而且乘客室和行李舱空间结合在一起。根据尾门倾斜角度的大小,可以分为仓背式以及斜背式。根据车门数量则可分为跑车型的3门掀背式和实用型的5门掀背式。

⑤箱形车和旅行车。对于上述所介绍的小客车形式,其车顶钢板仅延伸至后座而已。而箱形车和旅行车的车顶钢板却是延伸至车辆的尾端。它属于多用途车辆(MPV),这种车型加大行李舱空间、增加尾门以供装载货物。旅行车强调乘坐的空间,而箱形车则重视货物装载的空间。

(3)轿车车身依照发动机放置和固定方式,基本结构可分成下列几种形式,如图1-19所示。

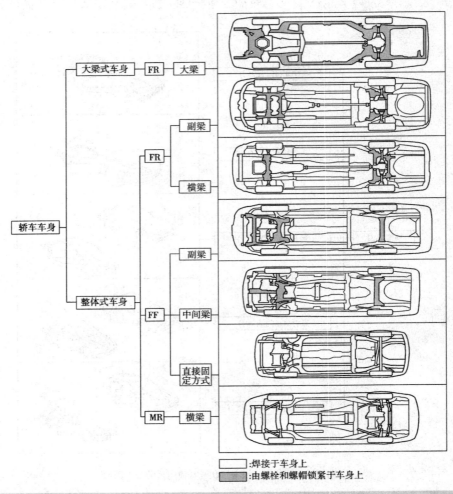

图1-19 发动机放置和固定方式不同的轿车车身结构

①FF车辆的特性。"FF"是指前置发动机前轮驱动的车辆,即发动机放置于车辆的前方,车辆由前轮所驱动。由于不需后轮驱动的组件,所以FF车辆可以降低车地板中间位置拱起的高度,而提供较大的乘客室空间。除此之外,FF车辆的后悬架系统构造比较简单,从而减轻了车辆的质量。如果为了使车辆达到足够的强度和刚度,则采用安装加强梁等方法,FF车身结构如图1-20所示。

②FR形式的车身结构。"FR"是指前置发动机后轮驱动的车辆,即发动机放置于车辆

的前方,并且经由传动轴驱动后轮。由于 FR 车辆有传动轴,后方安装差速器,所以车地板中心需要有一定的拱起高度以提供较大的空间,因此乘坐空间便减少了。所以一般来说这种结构形式不应用于小型车,而广泛应用于大型车辆上,FR 车身结构如图 1-21 所示。

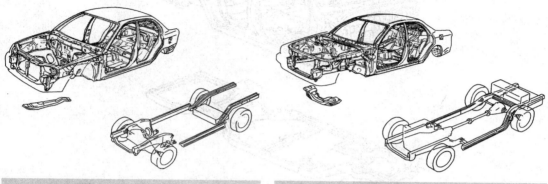

图 1-20　FF 车身结构　　　　　　　图 1-21　FR 车身结构

③MR 车辆的特性。"MR"是指中置发动机后轮驱动的车辆,即发动机在前后车轮的中间位置,并且经由传动轴驱动后轮。由于这种布置造成了乘客室空间小,现已较少采用,MR 车身结构如图 1-22 所示。

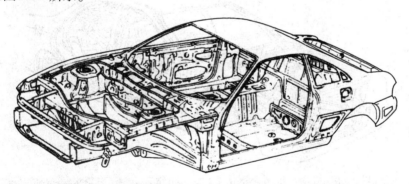

图 1-22　MR 车身结构

2）轿车车身的车体结构

轿车按车身的车体结构分为车架式车身和单壳式车身。

(1) 车架式车身（非承载式车身）。这种类型的车身结构由分开的车身和车架组成,如图 1-23 所示。

(2) 单壳式车身（承载式车身）。这种类型的车身结构由集成为一个整体的车体和车架组成。整个车身成为一个箱体,以保持其强度,如图 1-24 所示。

整体式车身为目前轿车车身的主流形式,其最大的特点是将乘客室和车架焊接成一体,成为整体式的车身结构。整体式车身有下列几个特点：

①整体式车身的质量比其他类型车身更轻,但仍有足够的强度以抵抗弯曲、扭曲,因为整体式车身是将薄钢板冲压成各种形状后,用点焊焊接成一体的。

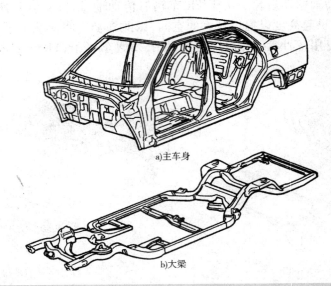

图1-23 车架式车身(非承载式车身)

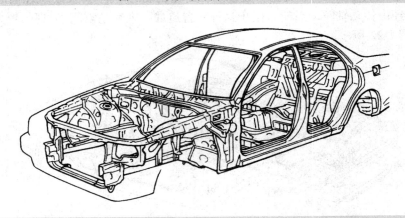

图1-24 单壳式车身(承载式车身)

②传动系统和悬架系统所产生的振动和噪声很容易传到乘客室,使其形成一个音箱,将声音和振动放大。因此在修理事故车时,必须彻底实施防振和隔音措施。

③因为广泛使用薄钢板,所以车身必须实施防锈措施,特别是位于下车身部位的钢板。另外,整体式车身是由冲压成各种复杂形状后的钢板所组成,所以车身损伤后,必须花费更多的时间去修理。

3)轿车车身的组成

轿车车身结构主要包括车身壳体(白车身)、车门、车窗、车前板件、车身内外装饰件和车身附件、座椅以及通风、暖气、冷气、空气调节装置等。

(1)轿车车身的内、外部结构名称(图1-25、图1-26)。

(2)车身壳体。车身壳体(白车身)是一切车身部件的安装基础,通常是指纵、横梁和支柱等主要承力元件以及与它们相连接的板件共同组成的刚性空间结构。图1-27为捷达轿车车身壳体构件和名称。

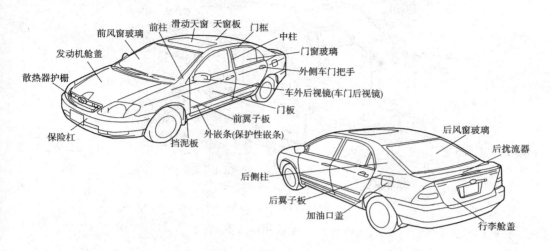

图 1-25　车身外部构件名称

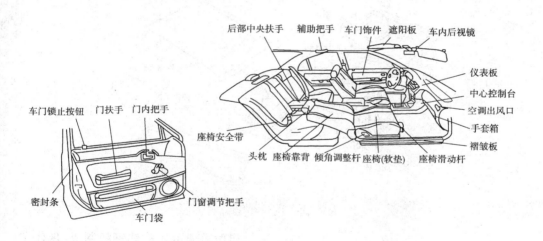

图 1-26　车身内部构件名称

轿车车身壳体通常分为三段,即由前车身、中间车身和后车身三大部分及相关构件组成。

①轿车前车身结构(图 1-28)。

a. 前翼子板。前翼子板位于汽车发动机舱盖侧下部、前轮上部,是重要的车身装饰件。其主要部件一般采用薄钢板冲压制造,通过螺栓和卡扣与车身前部翼子板安装架连接,如图 1-29 所示。

b. 发动机舱盖。发动机舱盖位于车辆前上部,是发动机舱的维护盖板。发动机舱盖通常由内板、外板、铰链及其他附件(支撑垫、支杆、锁扣等)组成,发动机舱盖及附件如图1-30所示。

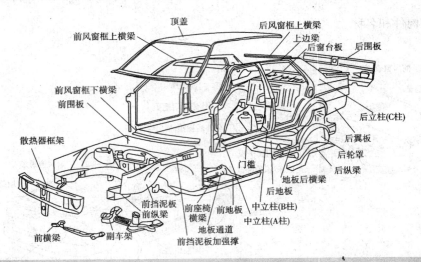

图 1-27 捷达轿车车身壳体构件和名称

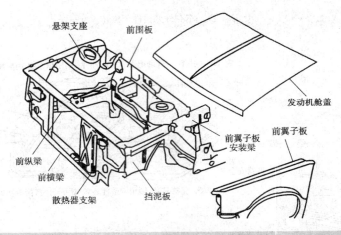

图 1-28 轿车前车身结构

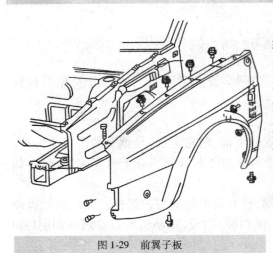

图 1-29 前翼子板

发动机舱盖通常用冷轧钢板制成,现代车辆上多用高强度钢板,也有用铝制玻璃纤维和塑料罩的。因为它是一个较大的覆盖件,为了在减少自重的同时增加强度和刚度,使它能可靠地固定在车身上,发动机舱盖一般都设有内加强板,形成具有内板、外板的双板式结构,并将内加强板冲压成的交叉形网状骨架贴靠在发动机舱盖外板轮廓部分。许多发动机舱盖内侧涂降噪层或粘有隔音垫。降噪层(或隔音垫)由人造纤维制成,用来减少发动机噪声,同时也隔绝发动机舱盖板与发动机舱内的高温。发动机舱盖配备许多嵌条、车标、进气口、装饰条等,发动机舱盖结构如图1-31所示。

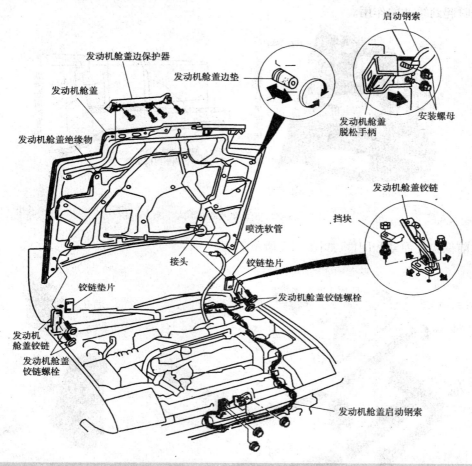

图1-30　发动机舱盖及附件

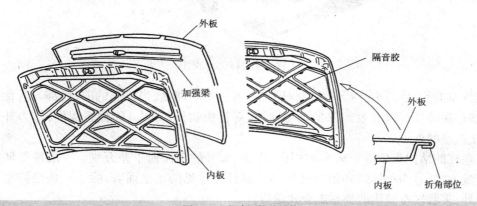

图1-31　发动机舱盖结构

c. 前围板。前围板位于乘客室前部,通过前围板使发动机舱与乘客室分开。

d. 前纵梁。前纵梁是前车身的主要强度件,直接焊接在车身下部,其上再焊接轮罩(有的前轮罩与前纵梁为一体式)等构件,前纵梁大都设计成图1-32所示的断面形式,以在汽车受撞击时起到缓冲的作用。

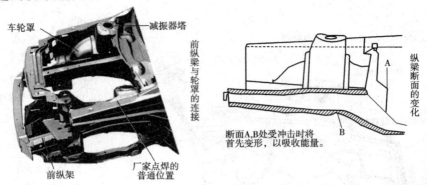

图1-32 前纵梁及断面形式

e.前保险杠面罩和配件,如图1-33所示。

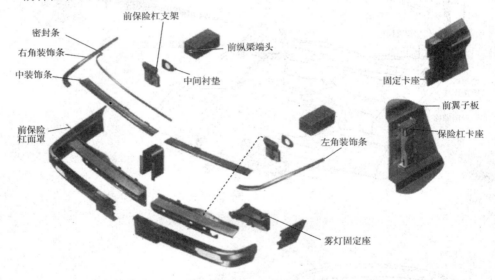

图1-33 前保险杠面罩配件

在汽车的前、后部最外端均装有保险杠。其主要功能是,当汽车的前、后部与其他物体体相撞时,保险杠可以有效地保护车身,减轻对被撞物体(或人)的损害程度;作为外部装饰,美化汽车的外形。

保险杠的结构类型由于轿车的档次、厂家、型号的不同而千差万别。一般按部件的多少和组成方式,分为整体式和组合式两类。就目前常见的车型而言,除了一些经济型和老旧车型外,多数轿车配用的都是组合式保险杠。

f.前保险杠的各种吸能器。

(a)橡胶吸能器。橡胶垫装在吸能器和车架纵梁之间。车辆一旦受到冲击,吸能器受力后移延及橡胶垫,橡胶受力压缩吸收冲击能量,前保险杠及橡胶吸能器如图1-34所示。

（b）气液式吸能器。这种吸能器由汽缸和活塞组成，汽缸内充有惰性气体或液体，工作原理类似于悬架减振器，如图1-35所示。

图1-34　前保险杠及橡胶吸能器

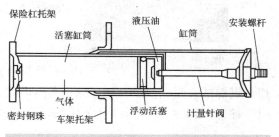

图1-35　气液式吸能器

（c）弹簧式吸能器。弹簧式吸能器使用弹簧迫使保险杠恢复到原来的位置，如图1-36所示。

（d）吸能缓冲区。与保险杠相连的两侧前纵梁设计为吸能缓冲区，如图1-37所示。

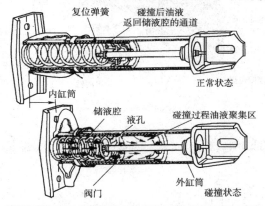

图1-36　弹簧式吸能器

图1-37　两侧前纵梁为吸能缓冲区

②中间车身结构，如图1-38a）~图1-38c）所示。

中间车身的立柱起着支撑风窗和车顶的作用，一般下部做的粗大，上部的截面尺寸需要考虑驾驶视野而缩小。立柱包括前柱（A柱）、中柱（B柱）与后柱（C柱）三种。

a. 车顶。车顶是指车身车厢顶部的盖板，其上可能装有天窗、换气窗或天线等，如图1-39所示。车顶主要由车顶板、车顶内衬、横梁（可能有前横梁、后横梁、加强肋等）组成，有的车型还备有车顶行李架。

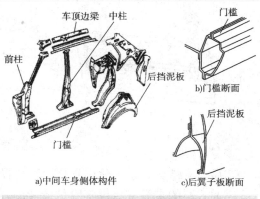

图1-38　轿车的中间车身

b. 电动式天窗一般由天窗框架、天窗玻璃、天窗遮阳板、天窗导轨、驱动电动机等零件组成。

c. 车门。车门是乘员上下的通道，其上还装有门锁、玻璃、玻璃升降器等附属设施，车门框架是车门的主要钢架，铰链、玻璃、把手等部件均安装在门框架上。车门及附件主要包

图1-39 车顶和天窗

括车门板(车门外板和车门内板)、车门内饰板、车门密封条、车门铰链(一般包括车门上铰链、下铰链)、车门锁总成等部件,如图1-40所示。

车门包含了外板、内板、加强梁、侧防撞钢梁和门框。其中内板、加强梁和侧防撞钢梁以点焊结合在一起,而内板和外板通常是以褶边连接。另外,车门窗框通常是由点焊和铜焊结合而成,基于以上几点,车门形式大致分成窗框车门、冲压成形车门和无窗框车门三种,如图1-41a)~图1-41c)所示。

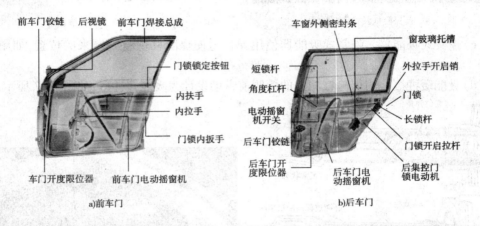

图1-40 车门及附件

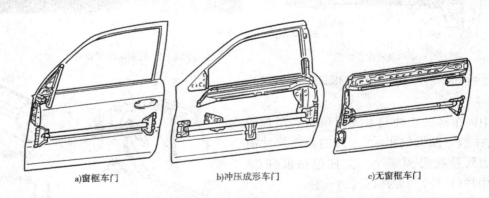

图1-41 车门的几种形式

③后车身结构。轿车后车身是用于放置物品的部分,可以说是中间车身侧体的延长部分。三厢式车的乘客室与行李舱是分开的,如图1-42a)所示,而两厢车的行李舱则与乘客室合二为一,如图1-42b)所示。

a. 行李舱和行李舱盖。行李舱是装载物品的空间,是由行李舱组件与车身地板钣金件构成。行李舱大都位于轿车车身的后部,因此又俗称为后备箱。行李舱盖位置如图1-43所示。

学习任务1　车身结构认识及附件的拆装

a)三厢式轿车后车身　　　　b)两厢式轿车后车身

图1-42　两厢式及三厢式轿车后车身图示

　　行李舱盖的构造类似于发动机舱盖,包含了外板、内板和加强梁,并于内板和外板的四周施加褶边,而加强梁和支座是由点焊焊接于行李舱盖铰链和支座区域。除此之外,将密封胶涂抹于内板和外板的某些间隙当中,以确保外板有足够的张力。

　　b.后侧板。后侧板是指后门框以后的、遮盖后车轮及后侧车身的钣金件。

　　c.后保险杠。后保险杠位于车身的尾部,起到装饰、保护车辆后部零件的作用,如图1-44所示。

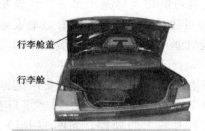

图1-43　行李舱及行李舱盖示意图

图1-44　后保险杠和后侧板位置

　　后保险杠主要包括保险杠外皮、保险杠杠体、保险杠加强件、保险杠固定支架以及保险杠装饰条,典型后保险杠及附件如图1-45所示。

　　4)现代轿车防碰撞车身结构的特点

　　汽车是在不断变化的环境中工作的,因此,路面、气候、交通状况、车辆行驶状态等许多的因素都会直接或间接地影响行车安全。随着汽车保有量的不断增加和行车速度的提高,汽车在行驶过程中发生碰撞事故是不可避免的。因此,从车身结构的设计上保护乘客的生命安全是车身结构的一大特征。汽车车身的安全性特征主要体现在两个方面:主动安全结构和被动安全结构。

　　(1)主动安全结构。主动安全结构指为减少发生交通事故的可能性而设置的各种装置和车体结构。对车身而言,则体现为预防性的结构特征,即下述几个方面:

　　首先,在国家车辆型谱中,对车辆的轮廓尺寸

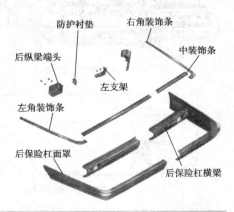

图1-45　典型后保险杠及附件结构图

有所规定,以避免行车时,驾驶员无法判断车体相对位置而造成刮擦碰撞等。

其次,设计有尽可能大的驾驶视野,以尽可能避免视线死角障碍。如采用大尺寸全景玻璃,在保证强度、刚度的前提下,尽量使用细小的窗柱,增加前车身的斜度,设置遮阳板、后视镜、专用刮水除霜装备和吹风系统等。

再次,有合理布置的驾驶座位及各构件,有良好的座椅,使其既便于驾驶操作又可减轻疲劳。各种开关、手柄、指示器等相对于座椅的位置,都应尽可能满足人体工程学的原理。

最后,车身外形采用负迎风角,在车身上加装底板、扰流板等以减少车身行驶时产生的升力,增加安全稳定性。这些设计都是为了提高舒适性,为乘客提供高质量的乘坐环境,为安全驾驶提供保障。

(2)被动安全结构。被动安全结构指为了在发生交通事故或行车事故的瞬间过程中,为降低事故对人员和车辆的伤害程度而设置的各种车体结构。它建立在一旦发生交通事故时,如何避免或减轻车内人员的事故后果严重性的基础上。这些结构通常体现在下述几个方面。

①装设安全带和安全气囊。汽车座椅安全带是一种可将车内人员固定在座位上的构件。当汽车发生迎面碰撞时,人体以极大的惯性冲击力作用在转向盘、车身内壁、前立柱、前风窗上框或前风窗玻璃上,强大的惯性力还有可能将人体抛出车外。装设安全带后,它可以产生极大的拉力(有试验表明,安全带受力可达2000N),将人体有效地束缚在座椅上,从而最大限度地减小碰撞对人身的伤害。安全气囊则会产生极大的缓冲作用,在减轻对人员伤害方面亦有同样的作用。

②在车身上的适当部位布置应力集中区。有意识地布置一些应力集中区,从而使壳体不同部位的刚度具有不同刚度等级,即所谓的壳体刚度分级。因此,乘客室具有最大的刚度,而相对于乘客室的发动机舱、行李舱则应具有较大的韧性。如图1-46a)、图1-46b)所示。

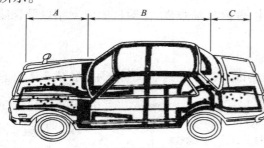

a)车身壳体的强度等级

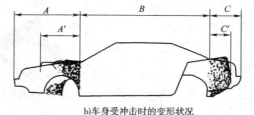

b)车身受冲击时的变形状况

图1-46 车身上吸收冲击能量的分段

黑点涂抹部位分别是前、后两处设置的,可以吸收冲击能量的"薄弱结构"。在这种结构中,一旦汽车发生正面碰撞或追尾等事故,碰撞所产生的冲击能量即刻在车身前部A段或后部C段得以迅速吸收,使前车身或后车身局部首先变形成A′或C′,以保证中部乘客室B段有足够的活动范围与安全空间。

可见,这种有意预留在车身前、后的"薄弱结构",在汽车发生碰撞时,将起到良好的吸收冲击能量的作用。而车身中部的乘客室及其周围一般要比前、后车身坚固且有良好的整体性。

③加设保险杠和防撞杠。为了防止车身的过大变形,几乎所有的汽车都在其前后部位加设了保险杠,同时为了有效地发挥保险

杠的作用,更多的是使用具有吸能作用的保险杠。因此,在车上经常见到的是塑料保险杠、减振结构材料的钢制保险杠或在与车身的连接处加有弹簧、泡沫聚氨酯缓冲器的保险杠。而近几年,出现了在车身高度较低的轿车上加设的侧面防撞杠。

5) 车身主要附属设备的结构和工作原理

(1) 车身防擦条与装饰镶条。车身防擦条与装饰镶条多为塑料制品,质量轻、成形性好、拆装方便、易与车身色调协调,也有用薄钢片、轻合金制作的。其作用有两方面:保护车身表面,相当于车身表面的保险杠;装饰车身外表,强调车身的造型艺术,如图1-47所示。

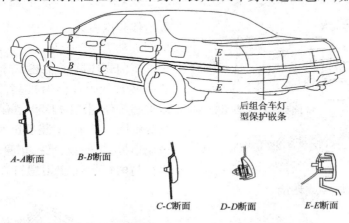

图 1-47 车身防擦条与装饰镶条

(2) 车门及其附件。车门作为汽车车身的主要组成部分。其功能是在乘客上、下车或装卸货物时,提供便利的通道;在汽车行驶时,封闭车身壳体,断绝车身壳体的内、外联系,确保行车的安全。

① 车门的种类。一般而言,按照车门所在位置,可分为前门、后门、左侧车门、右侧车门等。注意:左、右两侧对称部位的车门结构基本对称,而前、后门则略有差别。按照车门的用途,又可分为用于驾驶员上、下车的驾驶员门,用于乘客上、下车的乘客门,用于装卸货物的货箱门等。按照车门的开关运动方式,则通常分为旋转式、推拉式、折叠式、上掀式和外摆式车门。小轿车两侧车门大都是旋转式车门,旅行车和小客车的车门有旋转式、推拉式两种方式,上掀式和外摆式车门大都应用于车后门。下面主要介绍旋转式车门的结构:

旋转式车门。顾名思义,旋转式车门在开关门时,车门大致在水平面内绕着某一个轴线旋转。按照车门的旋转方向,这种车门又分为顺开门(往前开)和逆开门(往后开)两种。由于顺开门在行车时比较安全,因此为大多数车所采用。按照车门玻璃有无窗框,旋转式车门又分为两种形式:有窗框式(也称密闭式)及无窗框式如图1-48a)、图1-48b)所示。

② 车门壳体。有窗框式车门壳体大都是由厚度为0.8~1.0mm的钢板冲压而成的外板和内板等焊接而成。壳体外板结构比较单一,只是表面轮廓及线形须与整车相协调。多数外板边缘向内翻边,沿着门板的边缘形成一圈刚性箍,以便包住内板并与内板咬合,装配时,往往对两者还施以点焊以求牢固。内外板的咬合形式见图1-49中截面 A-A。壳体内板比较复杂,刚性也较大。一般在内板上装有加强筋并冲有各种形状的窝穴、预留的检查装配孔洞,以便安装附件,并根据需要在内板上焊有加强板和支架等,以便将局部集中荷载有

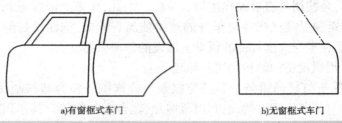

a) 有窗框式车门　　　　　　　b) 无窗框式车门

图 1-48　旋转式车门的类型

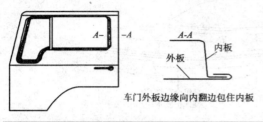

图 1-49　车门内外板的咬合形式

效地传到内板处较大的垂直面上。而玻璃窗框则大都为滚压成形。

车门壳体除了上述三个主要部件外,还有一些其他附件,各自起着加强、连接、导向或夹持等作用。图 1-50 是有窗框式车门壳体的分解图。其中,安装铰链和门锁的加强板、玻璃窗框、门外板、抵抗车身受横向冲击的加强板与内板焊接或用螺钉连接,门外板和门内板彼此沿周边焊接或粘接。

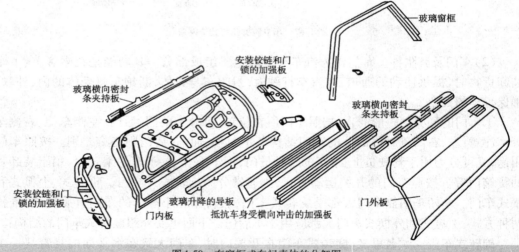

图 1-50　有窗框式车门壳体的分解图

③内饰盖板。内饰盖板用来覆盖车门内表面,并起装饰作用。通常,拆下内饰盖板可以方便装卸车门玻璃、门锁、玻璃升降器和进行必要的调修,在安装完附件之后,用内饰板将其遮盖。

④车门附件。车门附件包括车门铰链、车门开度限制器、带有内外操作手柄的门锁、定位器、车门密封条,在门内、外之间还装有玻璃、玻璃导槽、导轨及玻璃升降器等,如图 1-51 所示。

a. 车门铰链。旋转式车门的铰链是车门与车身的重要连接部件,也是使车门保持在正确位置的支撑部件。车门铰链有合页式和臂式两种(图 1-52)。铰链一般由厚钢板冲压而成,主要包括固定部分(即铰链座,固定在门框上)、活动部分(安装在车门上)和铰链轴。使用螺栓分别将固定部分和活动部分安装在车身与车门上。

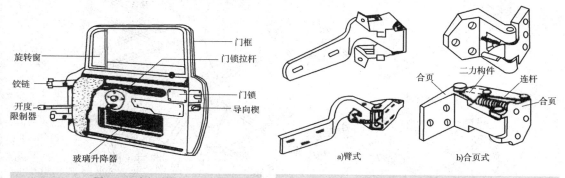

图 1-51　车门附件　　　　　图 1-52　合页式和臂式铰链

b. 车门的开度限制器。车门的开度限制器用以限制车门的最大开度,防止车门外板与车体相碰,同时还必须能使车门停留在最大开度,起着防止车门自动关闭的作用。常见的车门开度限制器有两种形式:阻尼块式和滚轮式,如图 1-53a)、图 1-53b)所示。

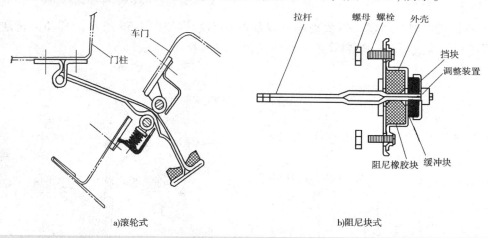

图 1-53　车门的开度限制器

c. 汽车玻璃升降器。汽车玻璃升降器是调节车窗玻璃开度大小的专用部件,普遍应用于旋转式车门上。汽车玻璃升降器的种类和工作原理按其传动机构的结构分为臂式玻璃升降器、钢绳式玻璃升降器、带式玻璃升降器、齿簧式玻璃升降器等。按操纵方式则又可分为手动式玻璃升降器和电动式玻璃升降器。现代轿车还开始应用遥控式和防夹式电动式玻璃升降器。手动式玻璃升降器还可分为以下几种形式:

（a）臂式玻璃升降器。臂式玻璃升降器是汽车上最流行的一种类型。按升降臂的结构,可分为单臂式和双臂式两种。其中双臂式还有交叉臂式和平行臂式之分,如图 1-54a)～图 1-54f)所示。

（b）钢绳式玻璃升降器。有些汽车的玻璃升降器是通过摇转手柄时,驱动机构牵拉钢索来驱动玻璃托架移动的。如图 1-55 所示为典型的钢绳式玻璃升降器结构,其动力传递路线为:手摇柄→小齿轮→扇形齿轮→卷筒→钢丝绳→运动托架→玻璃升降。

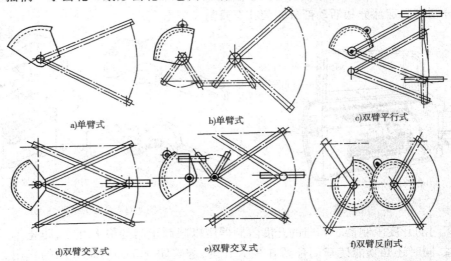

图 1-54 臂式玻璃升降器的 6 种形式

(c) 带式玻璃升降器。带式玻璃升降器的基本结构如图 1-56 所示。其动力传递路线为:手摇柄→穿孔带轮→塑料孔带→运动托架→玻璃升降。

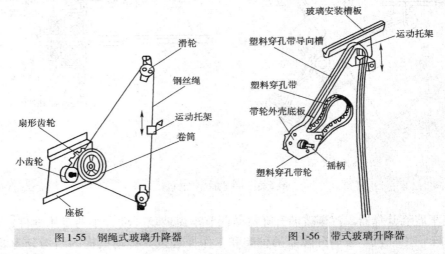

图 1-55 钢绳式玻璃升降器　　　　图 1-56 带式玻璃升降器

(d) 齿簧式玻璃升降器。如图 1-57 所示为齿轮弹簧式(简称齿簧式)玻璃升降器的结构,主要由玻璃托架、摇柄、齿轮、弹簧、多股钢丝绳和钢丝绳导向管等零件组成。其动力传递路线为:摇柄→小齿轮→螺旋弹簧→玻璃托架→玻璃升降。

电动式玻璃升降器。电动式玻璃升降器与手动式玻璃升降器的不同点是电动式玻璃升降器采用可逆式直流电动机和减速器取代手摇柄,并使玻璃升降器很容易地实现了中央控制。通过操纵仪表台上的控制钮可方便地使全部车窗玻璃升降。

车门侧窗电动玻璃升降器。车门侧窗上所用的两种钢丝绳式电动玻璃升降器如图 1-58a)、图 1-58b)所示,主要由钢丝绳、玻璃安装槽板、钢丝卷筒、齿轮减速器和驱动电机等零件组成。其动力传递路线为:电动机→减速器→钢丝卷筒→钢丝→玻璃安装槽板→玻璃升降。

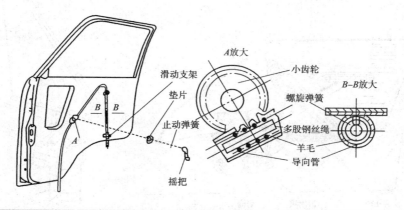

图1-57　齿轮弹簧式玻璃升降器

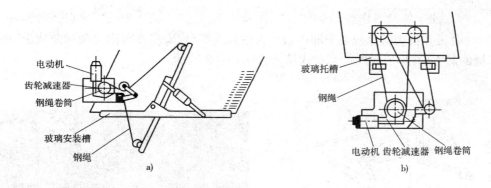

图1-58　车门钢丝绳式电动玻璃升降器

　　车门侧窗上所用交叉臂式电动玻璃升降器如图1-59所示,主要由玻璃、升降臂、玻璃托槽、齿轮箱、电动机和扇形齿轮等零件组成。电动机及其减速机构主要由永久性磁铁、蜗轮、扇形齿轮、小齿轮、蜗杆、橡胶联轴节和电动机转子等零件组成。其动力传递路线为:驱动电机→蜗杆→蜗轮→小齿轮→扇形齿轮→升降臂→玻璃安装槽板→玻璃升降。

　　三角窗和后风窗电动玻璃调整器。前车门上安装的三角窗玻璃也可以如图1-60所示用电动机驱动并调整其开度,主要由传动臂、开闭制动器、齿轮减速器、电动机支架和电动机等零件组成。减速器的齿轮传动机构主要由蜗杆、蜗轮、传动轴、传动臂和两级减速蜗轮蜗杆等零件组成。三角窗玻璃电动调整器的动力传递路线为:驱动电机→齿轮减速器→传动臂→三角窗的开闭运动。

　　汽车后风窗所采用的电动玻璃升降器,结构示例如图1-61所示,其与三角窗和侧窗的调整方式有所不同,侧窗玻璃以升降方式为主,三角窗玻璃以旋转调整为主,而后风窗玻璃则采用上掀方式调整其开度的大小。动力传递路线为:电动机→齿轮箱→扇形齿轮→举升臂→玻璃托槽→后风窗玻璃开度大小。

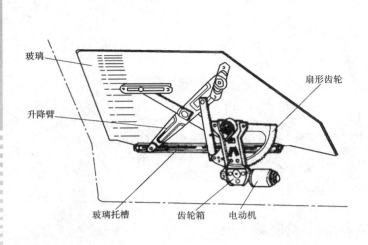

图1-59　交叉臂式电动玻璃升降器

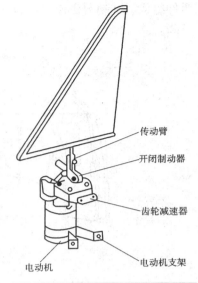

图1-60　三角窗电动玻璃调整器

(3) 仪表板。仪表板总成是车厢内最引人注目的部分,安装在前围上盖板总成上,即驾驶员座椅的前方,并形成封闭的承载式结构,如图1-62所示。

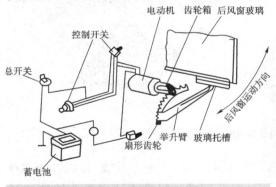

图1-61　后风窗电动玻璃升降器

图1-62　汽车仪表板

其功能主要有:能在其外表面上安装仪表监控组件及车身附属设备的操作手柄、按钮等,在行车中,为驾驶员方便、安全地提供各种信息,且为了方便操作和辨识信息,其上的大多数操作手柄和按钮都处在驾驶员的手伸及范围以内;用来安装无线电通信设备、安全气囊、小工具箱及其他部件;覆盖装于车身前部的空调设备(上面开有通风口)、电路元件,集成块等部件;作为车内装饰的主要构件,体现汽车的内饰风格。

仪表板总成多采用塑料件为框架,将各部件组装到框架上之后,再用螺栓、螺钉或夹片固定在前围板或与前围盖板相连的支架上,仪表板上边的仪表、按钮、控制器、空调通风口等,则通过复杂的线缆与外部连接。

在结构上,仪表板上部凸起形成平台贯穿全长,并与门护板相对应,驾驶员前方左侧集中了全车的监控仪表,使驾驶员可以随时掌握和控制车辆的运行状况。在仪表板总成的中部,常装有一些其他设备的控制仪表和开关,两端则固定有通风格栅。在一些轿车上,还要安装安全气囊和其他一些电子设备,以提高驾驶员的方便性和乘客的安全性。

仪表板总成的上部延伸至驾驶员右侧通道的一段,称为副仪表板,主要装有烟灰盒、音响、影音、电话和冰箱等辅助设备。通常不同车辆的选装设备和安装位置略有不同。

现代汽车的仪表大都采用数字式显示屏,屏幕灯光亮度可调,使夜间时驾驶员能更好地观察仪表显示。显示的信息更加丰富,如图1-63所示。

图1-63 数字显示屏仪表板

(4)座椅及安全带。在车厢内的结构部件中,座椅也是最引人注目的部件,其款式有很多种类,也是与安全性、舒适性和驾驶操控等人体工程学要素有关的重要功能部件之一。普通的小轿车定员一般为4~5人。一般前排是2个分开的座椅,后排是可并排坐2~3人的长椅式座椅。

①可调式座椅的构造。可调式座椅的一般构造如图1-64所示,这种座椅主要由座椅骨架、座椅弹簧、缓冲垫、装饰蒙皮和座椅辅助装置等组成。

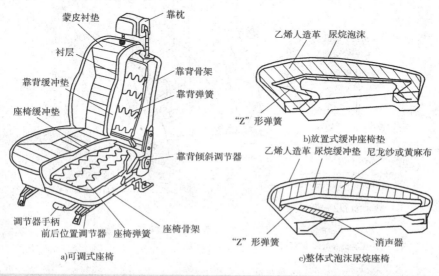

图1-64 可调式座椅的一般构造

②座椅的调节装置。驾驶座椅是决定驾驶员乘坐姿势和位置的重要部件。不过,因驾驶员的体形是多种多样的,要想做出适合每个驾驶员的座椅是不可能的,因此就在驾驶座椅上安装了调整装置。最基本的就是活动靠背调节装置和座椅滑动调节装置。活动靠背调节装置是可以在一定范围内调整座椅靠背倾斜度的装置(图1-65)。利用棘轮机构进行有级调节的类型比较多,但是因其可能无法调节到最佳的位置,所以也有的高档小轿车还装备有可以通过旋钮进行无级调节的装置。

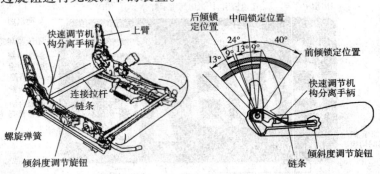

图1-65 座椅的调节装置

座椅的滑动装置是进行座椅前后位置调节用的,通常只要扳起座椅下的手柄,座椅就可以前后滑动。座椅还有靠背侧面支撑部分的调节装置,如果嫌身体两侧空间狭小就可以将其调整扩展,如果想要收束感可以将其收紧,总之可以根据自己的感觉调节。也有可以调节座椅面前端高度的装置,被称为升降器,其可以调节大腿部位的感觉。也有调节座椅高度的装置,被称为垂直调节机构。这些调节装置有手动式的,也有电动式的(图1-66)。现代轿车的座椅还具有智能控制功能,并与发动机电控系统相连,起到防盗的功能。

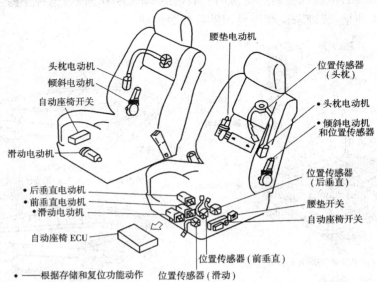

图1-66 电动座椅调节装置

③安全带紧急收束装置。乘车人员是以与汽车相同的速度运动的,一旦汽车因突发情况紧急制动,乘坐人员就会被惯性力掷向前方,安全带就是为避免人被投掷向前方而设计的收束装置。

以前的汽车上没有收放安全带的装置,因此会带来许多麻烦。后来,产生了带有自动卷收装置的安全带,在一般的使用状态下紧急锁定卷收装置不动作,安全带的拉出和卷收都可以自由进行,不会妨碍乘坐人员的行动。也就是说,虽然安全带紧贴身体,但是乘坐人员即使向前弯腰,也能行动自如。可是,如果发生紧急情况,安全带还能够自由伸长,就失去其保护作用了。所以在卷收装置中安装了可以检测到突然冲击,并能使安全带自动上锁的装置。

最近,有些汽车生产商又推出了与安全气囊系统联动的安全带紧急收束装置(图1-67)。就是在安全气囊一旦动作的同时点燃叫做膨胀推进剂的气体发生剂,在发生突发情况的瞬间就会将安全带收紧,最终达到收束好乘员身体的目的。

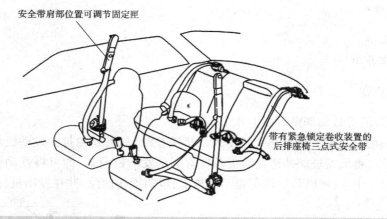

图1-67　安全带紧急收束装置

二、任务实施

项目1　发动机舱盖的拆装与调整作业

1 项目说明

车辆在行驶中发动机舱盖有异响,车主到经销店维修。维修人员检查后,发现发动机舱盖原安装尺寸不符合标准,需进行发动机舱盖调整作业。

2 技术标准与要求

(1)每2个学员协作完成此项目。
(2)技术标准(表1-1):

技术标准 表1-1

检测项目	技术标准
间隙	发动机舱盖与周边板件间隙均匀
高度	发动机舱盖高度与周围板件一致
翻转角度	发动机舱盖能自由翻转至铰链设定角度,但不与前风窗玻璃接触
保险锁	发动机舱盖保险锁开关正常,车辆行驶时无异响

3 设备器材

(1)车身。

(2)拆装工具套件。

(3)防护毯。

(4)记号笔。

4 作业准备

(1)清洗车辆 □ 任务完成

(2)准备作业单 □ 任务完成

5 操作步骤

发动机舱盖的拆装与调整有以下几个步骤:

(1)发动机舱盖拆装。要从车上拆下发动机舱盖时,只需要先打开发动机舱盖锁、拆下后铰链紧固螺钉,将风窗玻璃冲洗器喷嘴及软管拆离发动机舱盖,即可将发动机舱盖拆下,如图1-68所示。注意:应以防护毯覆盖于车身上,以防损伤面漆,并在发动机舱盖上铰链位

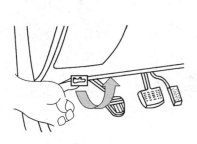

a)拉动发动机舱盖锁手柄

b)打开发动机舱盖锁扣

c)拆卸相关附件

图1-68 发动机舱盖拆装

置标注上记号,以便于以后的安装。安装时,依拆卸的相反顺序进行。

(2)发动机舱盖的调整。发动机舱盖的调整主要有如下两个内容:

①发动机舱盖与翼子板及前围构件之间缝隙的调整。调整目的是使发动机舱盖与周围板件缝隙均匀、对称。

调整时,先确认翼子板及前围构件位置正确,再旋松发动机舱盖与铰链的固定螺栓,然后对发动机舱盖进行前后、左右的调整。其顺序是:先调整发动机舱盖的前后位置,方法为稍微松开固定发动机舱盖与铰链的螺栓,再扣上发动机舱盖;将其位置调整正确后,轻轻揭开发动机舱盖,开到合适位置时,让他人将螺栓紧固,使发动机舱盖的前缘与翼子板前缘对齐,同时其后缘与前围之间保留足够的缝隙,以避免开启时相互干扰。调左右间隙的方法与之相同,如图1-69所示。

 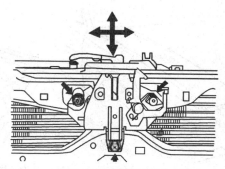

a)松动螺栓,调整发动机舱盖　　　　　　b)松开发动机舱盖前部螺栓

图1-69　发动机舱盖与周围板件间隙调整

②发动机舱盖高度的调整。调整的目的是为了使发动机舱盖表面与周围板件的高度一致、平滑流畅、美观。调整方法:首先稍微松开铰链与前围盖板连接处的螺栓,然后轻轻盖上发动机舱盖,根据情况将它的后缘抬起或压下,当它的后部与相邻的翼子板前围高度一致时,再轻轻揭开,将螺栓紧固。发动机舱盖也可用铰链垫片调整其高度。选择垫片调整时,一般采用2.0mm厚的垫片,如图1-70所示。然后将发动机舱盖周边的橡胶缓冲块分别调整到合适高度,即在发动机舱盖关好后,应能与前缓冲橡胶块保持接触。注意:调整橡胶缓冲块时,前缓冲橡胶的高度是靠锁紧螺母的旋松来调整的,高度调定后,应将锁紧螺母锁紧,如图1-71所示。

对于新换装的发动机舱盖,容易出现因边缘弯曲造成高度差,如图1-72a)所示。对此,仅仅通过对铰链等的简单调整不能将发动机舱盖的变形消除,而需要调整发动机舱盖的边缘曲线。参照图1-72b)所示的方法,用手搬动弯曲部位使其复位;也可参照图1-72c)所示的方法,在前端垫上布团,然后用手掌轻轻压下弯曲部位,使其与翼子板边缘高度一致。

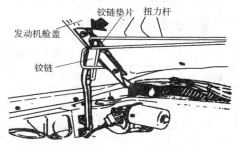

图1-70　使用铰链垫片调整发动机舱盖高度

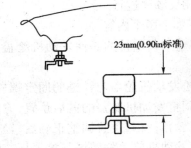
a) 橡胶缓冲块高度图示

b) 橡胶缓冲块位置图示

图 1-71　调整橡胶缓冲块

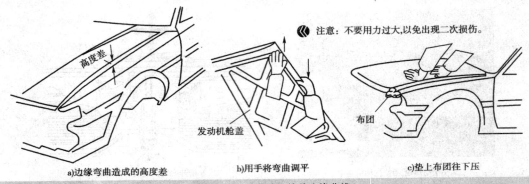

a) 边缘弯曲造成的高度差　　b) 用手将弯曲调平　　c) 垫上布团往下压

图 1-72　调整发动机舱盖边缘曲线

（3）检查安装与调整的结果并记录。

_____

_____

_____

6 记录与分析（表1-2）

发动机舱盖安装与调整作业记录单　　　　表 1-2

姓名		班级		学号		组别	
车身部件				作业单号		作业日期	
检查内容				检查结果			
间隙							
高度							
翻转角度							
保险锁							
发动机舱盖故障描述							
制订拆装和调整工艺							

项目2　车门的拆装与调整作业

1　项目说明

车辆的车门在开关时有异响,车主到经销店维修。维修人员检查后,发现车门装配尺寸不符合标准,需进行车门调整作业。

2　技术标准与要求

(1)每个学员独立完成此项目。
(2)技术标准(表1-3):

技 术 标 准　　　　　　　　　　　　　　　　　表1-3

检测项目	技术标准
间隙	车门与周边板件间隙均匀,与周围门框间隙为3mm左右,与下部底缘间隙为5mm左右
高度	车门表面与门框及周围板面平齐协调,与前后构件的型线及边缘过渡对正规整
开关情况	车门开关灵活、轻便,门柱上锁座与车门锁对齐、啮合良好、开关无异响
密封性	车门关闭时,车门密封性良好

3　设备器材

(1)车身。
(2)拆装工具套件。
(3)防护毯。
(4)千斤顶。

4　作业准备

(1)清洗车辆　　　　　　　　　　　　　　　　　□任务完成
(2)准备作业单　　　　　　　　　　　　　　　　□任务完成

5　操作步骤

车门的拆装与调整有以下几个步骤:

(1)车门的拆装。在车门拆装之前一般要用千斤顶顶在车门下部,作辅助支撑。首先拆除车门内电动车窗、车门锁等控制线接头,松开车门及车身上的铰链固定螺栓,以及车门的开度限制器固定销子,即可将车门拆下,如图1-73所示。安装时,按照与拆卸相反的顺序装上车门。

(2)车门的调整。车门的调整内容有三项,即上下、前后、内外位置的调整。

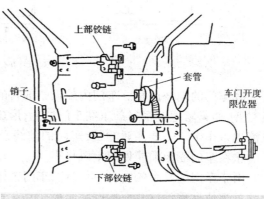

图1-73　车门的拆装

①车门的上下调整。先检查车门在门框内的位置以及车门与前翼子板和车门槛板间的间隙。如果车门太低或太高,把一个木块放到车门下,防止车门外板与千斤顶直接蹭掉车门油漆。拧松车门铰链的固定螺栓,用千斤顶或撬棍慢慢升高或降低车门,使之与车身门框装配妥当。然后,在每个铰链上固定一个螺栓,使车门位置不发生上下移动。最后,放下千斤顶,检查车门是否与门框紧密配合且位置对中,如图1-74所示。

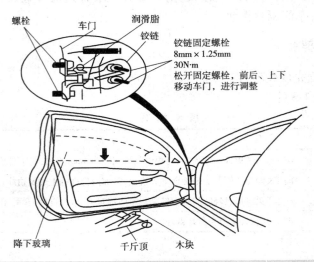

图1-74 车门调整

②车门的前后调整。进行车门前后调整时,一次只能对一个铰链进行调整,这样,车门的调整比较容易控制。首先检查铰链销是否磨损,更换已磨损的铰链销。销上的衬套若磨损应更换衬套。然后紧固铰链销,按图1-75a)～图1-75c)所示方法予以调整。

首先调整最上部的铰链,然后调整最下部的铰链。也可以先调整下部的铰链,然后再调整上部的铰链,直至得到合适的间隙为止。

图1-75 车门的前后调整

③车门的内外调整。车门内外调整的目的是使车门在关闭后,与车身板件的表面轮廓线对齐,并紧紧地把密封条压在车门框上,形成车门和车门框间的良好密封,阻止水、灰尘、气流进入车中。需要注意的是,车门的前缘总是比其他板件的后缘稍微向里一些,这有助于防止在车门面板前缘处产生风噪声。

由于车门的两个铰链、中央门柱、车门锁体和锁座决定车门的安装位置,因而车门内外调整总是依靠移动这几个构件来实现。

但调整时应小心进行,如果只在上部铰链处将车门外移,虽然可以改变车门位置,但也会移进相对的车门底角,如果在车门的底部铰链处将车门内移,同样会使相对的上角移出。如果在两个铰链处等距离地移进或移出车门,则仅会影响到车门的前部,车门后部的移动量又会减少。移动车门时,调整锁座的方法与前述的调整铰链类似,如图1-76所示。

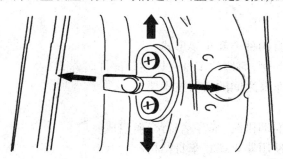

图1-76 调整锁座

提示:对于每侧有两个车门的轿车,一般的车门调整顺序是,在调整前首先应选定合适的车门调整基准,并从后车门开始(由于车身后翼子板是不可调整的),后门调整好后对应着后门进行前门的调整,并使前门与前翼子板配合良好。

(3)检查安装与调整的结果并记录。

_____
_____
_____

6 记录与分析(表1-4)

车门安装与调整作业记录单　　　　　　　　　表1-4

姓名		班级		学号		组别	
车身部件				作业单号		作业日期	
检查内容				检查结果			
间隙							
高度							
开关情况							
密封性							
车门故障描述							
制订拆装和调整工艺							

三、学习评价

1 理论考核

1）分析题
(1) 简述汽车车身的种类和车架形式。
(2) 以捷达车型为例,简述的车身壳体主要部件名称。
(3) 简述车门与车身之间的安装技术要求。

2）判断题
(1) 三厢车是由发动机舱、乘客室、行李舱组成。   （   ）
(2) 目前轿车常使用非承载式车身结构。   （   ）
(3) 整体式车身质量轻,但能承受弯曲、扭曲荷载。   （   ）
(4) 轿车上常用的玻璃升降器类型有臂式和钢丝绳式。   （   ）

3）选择题
(1) 以下不是整体式车身的特征是(   )。
　　A. 质量轻　　　　　　　　　　B. 维修困难
　　C. 车架和车身分开制造　　　　D. 车身部件通过焊接方式连接
(2) 以下不属于车门部件的是(   )。
　　A. 玻璃升降器　　B. 开度限位器　　C. 后视镜　　D. 以上都不对
(3) 以下不是被动安全装置的是(   )。
　　A. ESP　　　　　　　　　　　B. 安全气囊
　　C. 安全的车身　　　　　　　　D. 安全带
(4) 以下对仪表板表述不正确的是(   )。
　　A. 仪表板能提供各种车辆信息　　B. 仪表板大都采用数字式显示屏
　　C. 仪表板能显示车辆损伤情况　　D. 仪表板多为塑料件

2 技能考核

项目1　发动机舱盖的拆装与调整作业（表1-5）

发动机舱盖的拆装与调整作业项目评分表　　　　　表1-5

基本信息	姓名		学号		班级		组别	
	规定时间		完成时间		考核日期		总评成绩	

任务工单	序号	步骤	完成情况		标准分	评分
			完成	未完成		
	1	考核准备 车身 维修手册 设备工具			10	

续上表

	序号	步骤	完成情况		标准分	评分
			完成	未完成		
任务工单	2	清洁车身			5	
	3	设备工具使用			5	
	4	检查发动机舱盖与周围板件间隙情况			10	
	5	检查发动机舱盖与周围板件高度情况			10	
	6	检查发动机舱盖开关情况			10	
	7	拆装调整工艺正确性			10	
	8	清洁及整理			5	
安全					5	
5S					5	
沟通表达					5	
工单填写					10	
工艺制订					10	

项目2 车门的拆装与调整作业(表1-6)

车门拆装与调整作业项目评分表　　　　　　表1-6

基本信息	姓名		学号		班级		组别	
	规定时间		完成时间		考核日期		总评成绩	

	序号	步骤	完成情况		标准分	评分
			完成	未完成		
任务工单	1	考核准备 车身 维修手册 设备工具			10	
	2	清洁车身			5	
	3	设备工具使用			5	
	4	检查车门与周围板件间隙情况			10	
	5	检查车门与周围板件高度情况			10	
	6	检查车门开关情况			5	
	7	检查车门密封性			5	
	8	拆装调整工艺正确性			10	
	9	清洁及整理			5	
安全					5	
5S					5	
沟通表达					5	
工单填写					10	
工艺制订					10	

四、拓展学习

1 整体式车身的高强度和车体吸撞结构

汽车在人们的日常工作中已经成为不可或缺的交通工具,如今,汽车的安全问题越来越受到消费者的重视。很多人认为汽车只要具有安全气囊、ABS 等安全配置,汽车的安全性就有了保证,其实不然,车身结构才是保障汽车安全最基础、最重要的环节。

现代汽车车身的安全设计主要针对在发生碰撞的瞬间,通过车身的前部溃缩来吸收碰撞产生的能量,同时通过安全带、安全气囊等缓冲装置将乘员所受到的伤害降低到最小值,这样的车身构造被称为车体吸撞结构。除了车体吸撞结构,安全设计的另外一个重要部分是对车厢结构进行强化,确保车内生存空间。为此,现在各个汽车厂家就针对车身进行了不同的车身设计来提高汽车的安全性。例如,长安福特福克斯的高强度车身如图 1-77 所示。

高性能笼形车体及加强结构设计,并使用高强度钢板材料以提升车体刚性。还具有前后撞击缓冲区,车门防撞钢梁采用加强结构设计。撞击缓冲区可将碰撞时的撞击力平均分散到全车身,从而避免座舱乘员遭受碰撞伤害。

标致 307 车身采用高限弹力钢,钢板更轻更坚固,大大提高了车身的强度以及用特高强度钢制成的前横梁与车身纵梁通过吸能体相连,缓解了冲击力。车门采用整体冲压成型,4 门内增添 3 根 W 形防撞杆,如图 1-78 所示。

图 1-77 长安福特福克斯高强度车身

图 1-78 标致 307 车身采用高限弹力钢

一汽大众速腾采用高强度激光焊接车身(图 1-79)。速腾采用了激光焊接安全强化车身、高强度 B 柱内热成形钢板三层防撞结构、车门强化 Y 形防撞梁、整体车型车门空腔注蜡防腐、12 年不锈穿双面镀锌钢板等。

东风雪铁龙凯旋救生舱式车身设计。凯旋采用了高强度的吸能车身,多处碰撞吸能设计,对底盘、顶盖和车门进行了加强,形成网状保护;车门斜置防撞梁、缓冲吸能器,将碰撞能量分散到车身结构上,大大减少侧碰的伤害;前轴尺寸优化,在发生碰撞时,使能量传递到车底而不是乘客室,以便有效保护乘员,如图 1-80 所示。

图1-79　速腾采用了激光焊接安全强化车身

图1-80　凯旋采用了高强度的吸能车身

广汽丰田凯美瑞使用的是丰田的看家宝贝——GOA车身(图1-81)。凯美瑞采用丰田最先进的GOA车身,拥有碰撞吸能能力,即使发生最危险的侧面撞击时,车身也能够在碰撞发生时有效吸收碰撞能量,并将其分散至车身各部位骨架以化解冲击力,减少座舱的变形。车身上的侧梁、车顶、中央横梁、前排座椅结构都被加强。新开发的前部结构也在最大限度上减少了事故时对行人的伤害。

图1-81　凯美瑞采用丰田最先进的GOA车身

广汽本田雅阁G-CON车身(图1-82)。本田雅阁采用了本田独有的G-CON车身架构,在事故发生时,可以减轻对人的伤害。这项技术运用于车体的各个框架,能有效吸收撞击力,先进的G-CON技术等创造了撞击共容安全车体结构系统。通过车体框架的复合配置,充分地分散和吸收来自前方的撞击力。这种车体结构不仅能在碰撞发生时提高自我保护,同时也考虑到减轻给对方车辆及行人带来的伤害。

全铝制车身(图1-83)。汽车车身约占汽车总质量的30%,对汽车本身来说,约70%的油耗是用在车身质量上的,所以汽车车身的铝化对减轻汽车自重、提高整车燃料经济性至关重要。奥迪汽车公司最早于1980年在Audi 80和Audi 100上采用了铝车门,然后不断扩大应用。1994年开发了第一代Audi A8全铝空间框架结构(ASF),ASF车身超过了现代轿车钢板车身的强度和安全水平,但汽车自身的质量减轻了大约40%。

VOLVO(沃尔沃)分区车身(图1-84)。VOLVO的安全性是全球共知的,其车身采用四

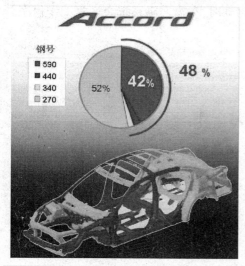

图1-82　本田雅阁采用了本田独有的G-CON车身架构

种不同级别的钢材以实现最佳的碰撞变形保护,前部车身结构被分成若干个区,每个区在碰撞变形过程中承担不同的作用。外侧变形区域承受最大的撞击力,越接近座舱的区域所采用的材料越不易变形,以确保在发生严重撞击时让座舱保持完好无损。前保险杠上安装了用极高强度钢材制造的横梁。这种横梁与车身的纵梁相结合形成"耐撞击箱",吸收在低速行驶下发生撞击时的能量,避免撞击对车身结构的其他部分造成损害。

图1-83 奥迪全铝制车身

图1-84 沃尔沃车身碰撞变形保护

2 防夹电动车窗和防盗车窗

为了保护乘员的安全(特别是6岁以下的儿童),在电动车窗正常上升过程中,当手或其他物品在车窗升起过程中触碰玻璃顶部时,控制器会立即停止上升动作,并自动返回到下止点,然后立即断电停机,以释放被夹物,保护乘员的安全。

当汽车在停车熄火、关好门后,有时会忘记将车窗升到位。及时发现的,要重新启动车辆,按下开关将其升到位;而一旦疏忽,不但会造成物品丢失、雨天车内进水等情况发生,甚至会导致车辆失窃,给用户带来不必要的精神负担和经济损失。最新推出的汽车自动关窗器改变了原有玻璃升降系统的不足,其特别的工作原理是:当汽车熄火、锁下门锁时,自动关窗器会感应到门窗关闭程序,自动关好所有开启的车窗。如果汽车安装有防盗器,下车后只需按遥控器就可以放心地离开。当汽车再次启动时,车窗升降系统会恢复工作程序。

学习任务2 车身板件维修作业——焊接作业

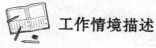 **工作情境描述**

某一汽丰田汽车维修站接收一辆一汽丰田花冠(COROLLA)轿车,客户反映,该车后翼子板损伤。维修人员进行损伤评价后,基本可以判定后翼子板无法修复,必须进行更换。现用三块钢板制成仿车身C柱的箱形构件,模拟进行后翼子板更换作业中焊接作业。

请通过分析仿车身C柱的箱形结构,制订仿车身C柱焊接修复方法和工艺流程。

 **学习目标**

1. 叙述仿车身C柱箱形构件的结构特点;
2. 描述仿车身C柱箱形构件的焊接形式,分析焊接缺陷的原因以及对车身的影响;
3. 描述车身常见的焊接方法;
4. 根据维修手册,正确选用维修工具设备,在规定时间内安全规范地进行仿车身C柱焊接修复作业,制订修复方法和工艺流程。

 学习时间

16学时。

 **学习引导**

本学习任务沿着以下脉络进行学习:

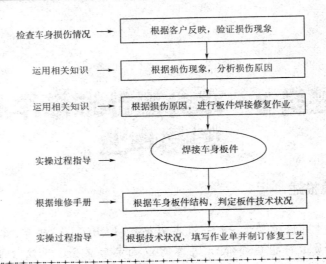

一、知识准备

1 仿车身 C 柱箱形构件的结构特点

仿车身 C 柱箱形构件主要由外板、内板构成箱形组件,如图 2-1 所示。

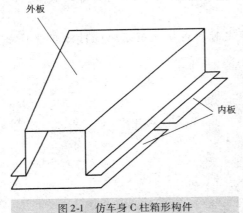

图 2-1 仿车身 C 柱箱形构件

2 个人防护

1)呼吸系统防护

在对镀锌钢板进行焊接时产生的焊接烟尘,进行打磨抛光时产生的微尘、清洗部件时挥发的溶剂和喷射防腐剂时的液滴,都会被吸入呼吸系统,对人体产生暂时的甚至永久性的伤害。因此,在进行这些操作时,都应该佩戴呼吸器。

(1)滤筒式呼吸器(图 2-2)。滤筒式呼吸器通常有一个橡胶面罩,能够贴合脸部轮廓,保证气密性;有可换的预滤器和滤筒,能够清除空气中的溶剂和其他蒸气;有进气阀和出气阀,保证所有吸入的空气都能首先通过过滤器。

(2)焊接用呼吸器(图 2-3)。焊接用呼吸器上有一个特殊的滤筒,用来吸收焊接灰尘。在对镀锌板材进行焊接时,产生的焊接烟尘和锌蒸气会对人体产生非常大的伤害。

(3)防尘呼吸器(图 2-4)。防尘呼吸器一般是用多层滤纸制作的廉价纸质过滤器,它能够阻挡空气中的微粒、粉尘进入人的鼻腔、咽喉、呼吸道和肺部。在进行打磨、研磨或用吹风机吹净板件的操作时会产生大量的粉尘,应佩戴防尘呼吸器。

呼吸器的密封非常重要,它能防止受污染的空气通过滤清器进入肺部。因此,在使用呼吸器前要检查有无空气泄漏。当使用呼吸器感到呼吸困难或到达更换周期时,应更换滤清器。定期检查面罩,确保没有裂纹或变形。呼吸器应保存在气密容器内或塑料自封袋中,以保持清洁。

 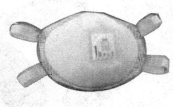 

图2-2　滤筒式呼吸器　　　　图2-3　焊接用呼吸器　　　　图2-4　防尘呼吸器

2)头部的防护

在进行修理操作时,要戴上安全帽,防止灰尘或油污的污染,保持头发的清洁。在车下作业时,要戴硬质安全帽,防止碰伤头部。头发不要过长,工作时,要把头发放入安全帽内。

3)眼睛和面部的防护

在进行钻孔、磨削和切削等操作时,应佩戴防护眼镜(图2-5)。在进行可能会造成严重面部伤害的操作时,仅戴防护眼镜无法提供足够的保护,应佩戴全尺寸防护面罩,如图2-6所示。

在进行保护焊、等离子切割等操作时,应佩戴深色镜片的焊接头盔(图2-7)或护目镜。头盔能保护面部免受高温、紫外线或熔化金属的灼伤,变色镜片能保护眼睛免受过亮光线或电弧紫外线的伤害。

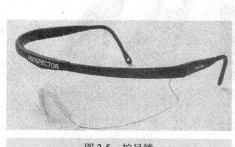  

图2-5　护目镜　　　　　　　图2-6　防护面罩　　　　　　图2-7　焊接头盔

4)耳部的防护

在高分贝环境中工作时,应佩戴耳塞(图2-8)或耳罩(图2-9)等耳朵保护装置。在进行焊接时,耳塞或耳罩还可以避免熔化金属进入内耳。

5)身体的防护

在进行操作时,应穿着合体的工作服,不能穿着宽松的衣服。衣物应远离发动机等运动部件，宽松、下垂的衣物可能被绞入运动部件，对身体造成严重的伤害。另外，在工作前应摘除佩戴的饰物。

在焊接时，上身的保护包括焊工夹克或皮围裙，如图2-10所示。

图2-8　耳塞　　　　　　　图2-9　耳罩　　　　　　图2-10　焊接护裙

如果化学物品（清洁溶剂、油漆清除剂等）溅到衣物上，应立即脱掉衣物。这些化学物品一旦接触皮肤，可能会对人体造成疼痛、发炎或者严重的化学烧伤。

6）手的防护

在焊接时，应戴上皮质的手套（图2-11），防止手部被熔化的金属烧伤。

为防止溶液对手的伤害，应戴上手套，在除油作业中可使用不透水手套，如耐油手套（图2-12）。手套的选择可参考手套材料安全数据表，防溶剂手套（图2-13）应在操作腐蚀性较强的溶剂时使用。在离开工作场地时要彻底洗手，以防止人体吸收任何有害成分。

图2-11　焊接手套　　　　　图2-12　耐油手套　　　　图2-13　防溶剂手套

洗手时建议使用适当的清洁剂。每天工作结束后，要使用一种不含硅的护肤膏滋润皮肤，千万不要把稀释剂（如天那水）当清洁剂来用。

7）腿、脚的防护

在车间工作时，最好穿鞋头有金属片、防滑的安全鞋（图2-14）。钢片可以保护脚趾不会被重物砸伤，优质的工作鞋穿着舒适并能够在站立和行走中支撑足弓。

在焊接时，最好穿绝缘鞋，防止触电事故的发生。裤长要能盖住鞋头，防止炽热的火花或熔化的金属进入鞋子。下身通常可穿上皮质的裤子、护脚来防止熔化的金属烧穿衣物，如图2-15、图2-16所示。

图2-14 安全鞋

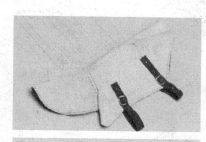
图2-15 焊接护腿

图2-16 腿的防护

在焊接时,操作人员有可能会跪在地上操作,时间长了会引起膝盖损伤,最好佩戴护膝,如图2-17所示。

3 焊接应力与焊件变形的预防

图2-17 护膝

焊接时一般采用集中热源在局部加热,因此造成焊件上温度分布不均匀,最终导致焊件在结构内部产生了焊接应力与变形。焊接应力是形成各种焊接裂纹的重要因素,焊接残余应力和变形在一定条件下还会严重影响焊件的强度、刚度、受压时的稳定性等。

焊接应力是焊接过程中及焊接过程结束后,存在于焊件中的内应力。焊接变形是由焊接而引起焊件尺寸的改变。

1)焊接应力与变形产生的原因

(1)焊接件不均匀受热或冷却。焊接过程对被焊工件来说,是局部的不均匀加热过程和不均匀冷却过程。这种不均匀的加热和冷却过程,会使工件中产生热应力。

(2)焊缝金属的收缩。当焊缝金属冷却,由液态转为固态时,其体积要收缩。由于焊缝金属与母材是紧密联系的,因此焊缝并不能自由收缩。这将引起整个焊件变形,同时在焊缝中产生应力。

(3)金属组织的变化。焊件在加热及冷却过程中发生相变,可得到不同的组织,这些组织的质量体积各不相同,由此也会产生焊接应力与变形。

(4)焊件的刚性和拘束。由于构件本身或外加的刚性拘束作用,使焊接时,构件热膨胀不畅,引起构件产生拘束应力。

在以上几种原因中,造成焊接应力与变形的最根本原因是焊件不均匀受热和冷却。

2)焊接件变形的种类

按焊接件变形的特征,可分为收缩变形、角变形、弯曲变形、波浪变形和扭曲变形,这五种基本变形形式如图2-18a)~图2-18e)所示。

(1)收缩变形。焊件在焊后所发生的尺寸缩短的现象。

(2)角变形。焊接后由于焊缝的横向收缩使得两连接件间的相对角度发生变化的变形。

(3)弯曲变形。由于焊缝的中心线与结构截面的中性轴不重合或不对称、焊缝的收缩沿构件宽度方向分布不均匀而引起。

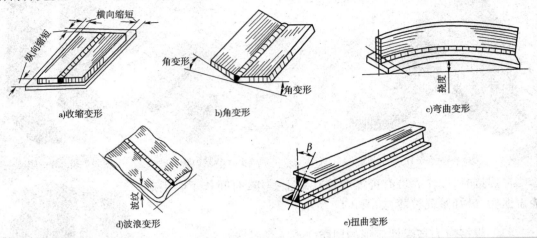

图2-18　焊接件变形的基本形式

(4)波浪变形。常发生在板厚小于6mm的薄板焊接中,大面积平板拼接极易产生波浪变形。

(5)扭曲变形。在框架、梁柱等刚性较大的焊件上,往往发生扭曲变形。

3)预防焊接件变形的措施

(1)预留收缩变形量。根据理论计算和实践经验,在焊件备料及加工时,预先考虑收缩余量,以便焊后工件达到所要求的形状、尺寸。

(2)反变形法。根据理论计算和实践经验,预先估计结构焊接变形的方向和大小,然后在焊接装配时给予一个方向相反、大小相等的预置变形,以抵消焊后产生的变形,如图2-19a)、图2-19b)所示。

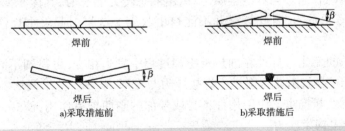

图2-19　反变形法

(3)刚性固定法。焊接时,将焊件加以刚性固定,焊后待焊件冷却到室温后再去掉刚性固定,可有效防止角变形和波浪变形。此方法会增大焊接应力,只适用于塑性较好的低碳钢结构。

(4)选择合理的焊接顺序,尽量使焊缝自由收缩。焊接焊缝较多的结构件时,应先焊相互错开的短焊缝,再焊直通的长焊缝,以防在焊缝交接处产生裂纹。如果焊缝较长,可采用逐步退焊法和跳焊法,使温度分布较均匀,从而减少焊接应力和焊件变形,如图2-20a)~图2-20d)所示。

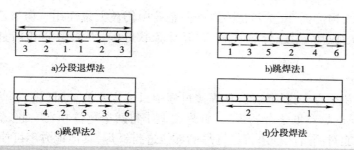

图 2-20　长焊缝的几种焊接顺序

(5) 锤击焊缝法。在焊缝的冷却过程中,用圆头小锤均匀迅速地锤击焊缝,使金属产生塑性延伸变形,抵消一部分焊接收缩变形,从而减小焊接应力和焊件变形。

(6) 加热"减应区"法。焊接前,在焊接部位附近区域(称为减应区)进行加热使之伸长,焊后冷却时,加热区与焊缝一起收缩,可有效减小焊接应力和焊件变形。

(7) 焊前预热和焊后缓冷。预热的目的是减少焊缝区与焊件其他部分的温差,降低焊缝区的冷却速度,使焊件能较均匀地冷却下来,从而减少焊接应力与焊件变形。

4　车身维修焊接方法

车身维修焊接方法有多种,在维修焊接时,应根据车身部件的使用要求和汽车制造厂对维修作业的要求,选择合适的焊接方法。车身维修焊接作业中,常用的焊接方法有如下几种形式:

1) MAG 焊接法、MIG 焊接法

MAG 焊接法、MIG 焊接法使用一根焊丝,焊丝以一定的速度自动进给,在板件和焊丝之间出现电弧,电弧产生的热量使焊丝和板件熔合连接在一起。在焊接过程中,保护气体对焊接部位进行保护,以免熔融的板件受到空气的氧化。

现代车身部件都应用高强度钢或超高强度钢、铝及铝合金,MAG 焊接、MIG 焊接电弧平稳、熔池小,焊接热量较小,对高强度钢板影响较小,在焊接整体式车身上的高强度钢板方面比其他常规焊接方法更适合。

MAG 焊接法中以 CO_2 保护焊(保护气体为 CO_2 或 CO_2 的混合气体)应用最广泛,用于焊接车身中的高强度钢或超高强度钢板件。MIG 焊接法中以氩弧焊(保护气体为氩气)应用最为广泛,用于焊接车身中的铝或铝合金板件。

2) 电阻点焊

电阻点焊适用于焊接整体式车身上要求焊接强度好、不变形的薄零件,如车顶、窗洞、门洞、车门槛板以及许多外壁板等部件。

3) 氧乙炔焊接法

氧乙炔焊接是熔焊的一种,将乙炔和氧气在一个腔内混合,在喷嘴处点燃后作为一种高温热源(大约 3000℃),将焊条和母材熔化,冷却后母材就融合在一起。

由于氧乙炔焊接操作中要将热量集中在某一部位,热量将会影响母材周围的区域而降低其强度。因此,汽车制造厂都不赞成使用氧乙炔焊接修复车身,氧乙炔焊接一般用于焊接要求不高的非结构性板件,尤其在国内许多企业中仍被大量使用。但氧乙炔焊接在车身修复中也有其他的应用,如进行热收缩、硬钎焊和软钎焊、表面清洁和切割非结构性零部件等。

4) 钎焊接法

钎焊只能用在车身密封结构处,在焊接过程中只熔化有色金属(铜、锌等),而不熔化金属板件(有色金属的熔点低于金属板)。钎焊类似于将两个物体粘在一起,焊接处的强度小于板件强度。只能对制造厂已进行过钎焊的部位进行钎焊,其他地方不可使用钎焊。

5 车身焊接注意事项

车身维修中,必须采用合适的焊接方法才能维持原有车身上的强度和耐久度。为了达到此要求,我们可遵循以下基本原则:

(1) 焊接方法优先选择点焊、CO_2 气体保护焊或 MIG 焊接。
(2) 除了汽车制造厂指定要求使用钎焊的部位外,其他部位不推荐使用钎焊。
(3) 尽量避免使用氧乙炔焊接。

6 CO_2-MIG 焊接相关知识

1) CO_2-MIG 焊接基本原理

CO_2-MIG 焊接方法的原理如图 2-21 所示,保护气体 CO_2 从气瓶出来,经管路进入枪体,从喷嘴喷出,形成一个连续而稳定的 CO_2 保护气罩,笼罩着从喷嘴到焊件这一段空间,将此处的空气排走,从而保护气罩内的焊丝、熔滴、电弧、熔池和刚刚凝固而成的焊缝。

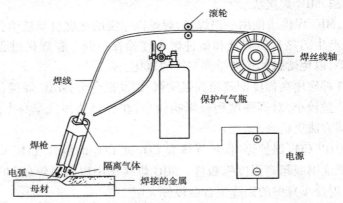

图 2-21 CO_2-MIG 焊接原理示意图

CO_2 焊接的直流弧焊电源的正极输出端电缆线接在焊枪的导电嘴上,使焊丝末端成为电弧的正极,电源的负极输出端由地线电缆接在焊件上,熔池就成为电弧的负极。可见,从电源正极→电缆→导电嘴→焊丝(电弧正极)→电弧→熔池(电弧负极)→母材→地线电缆→电源负极,形成一个完整的闭合焊接电路。

焊接时,焊丝从送丝机中的送丝滚轮挤压着送入导电嘴,带电之后向电弧输送,焊丝不断地被电弧熔化,又不断得到补充,从而使电弧长度保持相对稳定。焊丝不断地熔化成熔滴落入熔池，凝固形成焊缝。

2）CO_2-MIG 焊接的特点

（1）焊接效率高。CO_2-MIG 焊接时，焊丝熔化速度快，焊缝熔敷系数大。CO_2-MIG 焊接时，采用较大的焊接电流，焊丝的电流密度大，用于焊接导电的细焊丝本身的电阻热比手弧焊焊条芯的电阻热要高。手弧焊熔化焊条药皮要消耗热量，CO_2-MIG 焊接使用气体保护，不产生焊渣，没有这部分的热量消耗，所以 CO_2-MIG 焊丝的丝熔化速度快，焊缝熔敷系数大。另外，CO_2-MIG 焊接辅助时间少。CO_2-MIG 焊接的焊丝是自动连续送丝，没有手弧焊换焊条的工作，且 CO_2-MIG 焊缝无焊渣，不用焊后清除焊渣，所以 CO_2-MIG 焊接辅助时间少。

（2）CO_2-MIG 焊接质量好。

（3）CO_2-MIG 焊接能耗低。CO_2-MIG 焊接电流密度大，热效率高，所以焊接相同厚度的焊件时，熔化相同单位的填充金属消耗的电能比手弧焊要少。

（4）CO_2-MIG 焊接应用范围广。

（5）CO_2-MIG 焊接是明弧，便于观察。由于 CO_2-MIG 焊接电弧是明弧，因此，CO_2-MIG 焊接操作技巧容易掌握，焊缝不易焊偏，不易出现焊接缺陷，易于对焊接过程监控，焊接质量高。

（6）CO_2-MIG 焊接工劳动强度低。

（7）CO_2-MIG 焊接产生的烟尘比手弧焊少。

（8）CO_2-MIG 焊接金属飞溅较多。CO_2 气体在电弧的高温作用下有氧化性，焊接熔池金属中的碳氧化后产生 CO_2，从熔池中逸出产生飞溅。CO_2-MIG 焊接的飞溅比其他弧焊的飞溅要多，金属飞溅是 CO_2-MIG 焊接的固有特点，可以减少，但不能避免。

（9）CO_2-MIG 焊接不能在有风的地方进行。风可以阻止 CO_2 保护气罩产生，造成气罩倾斜、扭曲、变形，使 CO_2 气体的保护作用受到破坏或完全丧失。

（10）CO_2-MIG 焊接不能焊接易氧化的金属。由于 CO_2-MIG 焊接的保护气体在电弧的高温作用下具有强烈的氧化性，所以 CO_2-MIG 不能焊接易氧化的铝、铜等有色金属。

3）CO_2-MIG 焊机

CO_2-MIG 焊机基本构成：

（1）电源。提供可调节电弧电压和焊接电流的直流电。

（2）气源。提供稳定的、纯净干燥的 CO_2 气流，并具有可调节气体流量的功能。气源主要由气瓶、预热器、减压器、流量计组成（图2-22）。

（3）焊枪（图2-23）。焊接的执行器，保护气体从焊枪喷出，焊丝也从焊枪输出，焊接电弧在焊枪的喷嘴前产生。

（4）送丝机构（图2-24）。焊接时，送丝机构保证送丝速度均匀，无打滑现象，并且送丝速度能在一定范围内均匀调节。

焊丝从焊丝盘中出来，经校直轮校直后，由送丝滚轮和压紧轮挤压产生的送丝力，使焊丝进入焊枪的导电嘴并输出，进行焊接工作。送丝的压紧力可以通过调节螺母来调节。

（5）焊接控制系统。按焊接工艺的要求，自动控制协调焊机各组件，使焊接过程稳定进行。

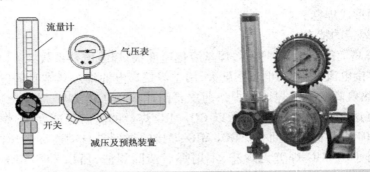

图 2-22 预热器、减压器、流量计组合件

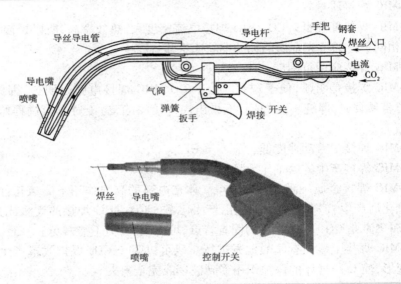

图 2-23 CO_2-MIG 焊枪结构示意图

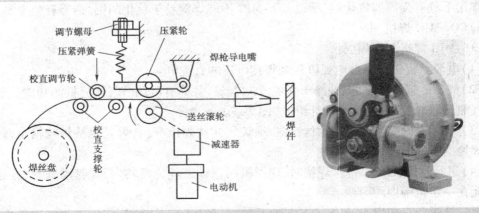

图 2-24 送丝机构

4) CO_2-MIG 焊接工艺参数

焊接工艺参数直接决定着焊接质量和生产效率,确定工艺参数后,对应的焊接过程就

形成了。所以在确定焊接工艺参数时要保证准确,一旦确定就不要随意变更。

(1)焊丝直径。焊丝直径与焊丝导电的电流密度有关。焊丝直径小,电流密度大,电弧燃烧稳定性高,也会使焊丝熔化速度加快。

焊丝直径与焊件板厚也有关。在选用时,可参考表2-1。

焊丝直径与板厚的关系　　　　　　　　　　　　　　　　表2-1

焊丝直径(mm)	0.5~0.8	1.0~1.4	1.6
板厚(mm)	0.8~2.5	2~8	3~12

(2)焊接电流。焊接电流对母材熔入深度及焊丝的熔化速度有很大影响,另外,对电弧的稳定性和焊接熔渣也有影响。焊接电流越大,熔入深度和焊缝宽度也越大,如图2-25所示。表2-2为焊接电流与板厚、焊丝直径的关系。

(3)电弧电压。CO_2-MIG焊接的熔滴过渡形式是短路过渡,弧长较短。电弧的长度由电弧电压决定。

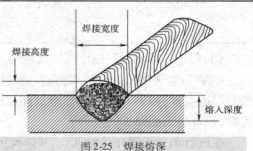

图2-25　焊接熔深

焊接电流与板厚、焊丝直径的关系　　　　　　　　　　　　　　　　表2-2

焊丝直径(mm) \ 板厚(mm) / 焊接电流(A)	0.6	0.8	1.0	1.2	1.4	1.6	1.8
0.6	20~30A	30~40A	40~50A	50~60A			
0.8	—		40~50A	50~60A	60~90A	100~120A	—
1.0					60~90A	100~120A	120~150A

电弧电压过高时,电弧长度增大,焊接熔深减小,焊接飞溅大,电弧不稳定,焊缝成扁平状;电弧电压过低时,电弧长度减小,焊接熔深增大,起弧困难,焊缝成狭窄的圆拱状。

不同的电弧电压形成的焊缝如图2-26a)~图2-26c)所示。

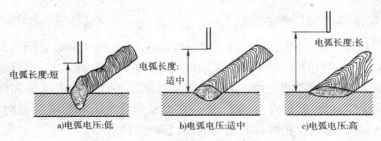

图2-26　电弧电压与焊缝的形状

(4)焊接速度。焊接速度直接影响焊缝成形,当其他参数不变时,焊接速度增加,会使焊缝熔深、熔宽、余高均减小;焊接速度减小,会使焊缝熔深、熔宽、余高均增大。

过快的焊接速度,会使填充金属来不及填满边缘被熔化处,从而在焊缝两侧边缘处产生咬边;过慢的焊接速度,会使熔池中的液态金属溢出,流到电弧移动的前面,当电弧移动到此处时,电弧在液态金属表面燃烧,使焊缝熔合不良。

在焊丝直径、电弧电压,焊接电流选择完成后,焊接速度一般根据焊件的厚度来确定,见表2-3。

焊接速度与板厚的关系   表2-3

焊件板厚(mm)	焊接速度(cm/min)	焊件板厚(mm)	焊接速度(cm/min)
0~0.8	105~115	1.2~1.5	90~100
0.8~1.2	100	大于1.5	80~85

(5)CO_2气体流量。CO_2气体流量的大小决定了保护气罩的范围,影响保护效果。

如果CO_2气体流量过低,就会有空气侵入焊接部位,可能使焊缝产生气孔,影响保护效果和焊缝质量;如果CO_2气体流量过高,就会产生紊流、破坏保护,反而易产生气孔,增加氧化性,使焊接飞溅加大。

在进行车身焊接作业时,CO_2气体流量一般选用范围为8~20L/min。

(6)焊枪倾斜角度。按焊接方向分类,可将焊接方法分为正向焊接和逆向焊接,如图2-27a)、图2-27b)所示。正向焊接熔深较小,焊缝平整;逆向焊接熔深较大,并会产生大量熔敷金属。在使用两种焊接方法时,焊枪角度都应在10°~30°之间,如图2-28所示。

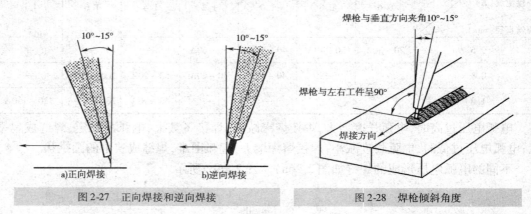

图2-27 正向焊接和逆向焊接   图2-28 焊枪倾斜角度

(7)焊枪导电嘴高度。焊枪导电嘴高度一般以距母材7~15mm之间为最好,如图2-29所示。高度越大,保护气体的有效保护范围就越小,保护效果就越差,焊缝易产生气孔;高度越小,保护效果越好,但不能过小,过小的高度会使保护气流冲击熔池和焊件表面,产生强烈反流,干扰保护气罩,降低保护效果,还会使焊枪的导电嘴和喷嘴内黏附许多金属飞溅颗粒,增加送丝阻力,影响保护气体的均匀流出,影响焊接效果。

(8)送丝速度。送丝速度较慢时,形成的焊接接头较扁平,焊接的反光亮度增强;送丝速度太快,焊丝不能充分熔化,并产生大量飞溅,焊接的反光为频闪弧光。

5)CO_2-MIG焊接缺陷

(1)焊缝形状尺寸超差。焊缝尺寸超差是指焊缝熔宽、余高等焊缝形状尺寸超出了规定值。一般焊缝的形状尺寸如图2-30所示。

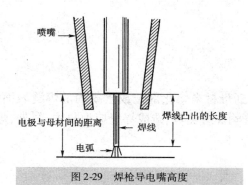

图 2-29　焊枪导电嘴高度

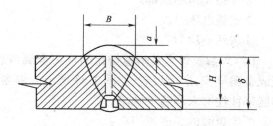

图 2-30　焊缝的形状尺寸
B-熔宽；H-熔深；a-余高；δ-板厚

如果焊缝高低不平、宽窄不齐和偏离待焊处，不仅外形难看，而且还影响焊接质量，使焊缝的连接强度降低、应力集中，导致焊件的使用安全性下降。

焊缝形状尺寸超差的主要原因有：
①装配间隙不均。
②焊接电流过大或过小。
③焊枪喷嘴高度过高。
④焊接速度不均。
⑤操作者不熟练。

（2）烧穿。烧穿是焊接能量过大、热量过高，使焊缝局部温度超过金属熔点，导致金属熔化，产生金属孔洞或较深的凹坑，如图 2-31 所示。烧穿破坏了焊缝的连接作用，应避免出现。

产生烧穿的主要原因有：
①焊接电流过大。
②焊接速度过慢。
③焊缝根部间隙过大。
④焊接速度不均。
⑤操作者不熟练。

（3）咬边。咬边产生在焊缝金属与焊件金属的交界处、低于母材表面的凹陷或小沟槽。它是由于母材金属被电弧扫过产生了熔化，而使母材金属流失，导致未被填充的金属表面形成了咬边，如图 2-32 所示。

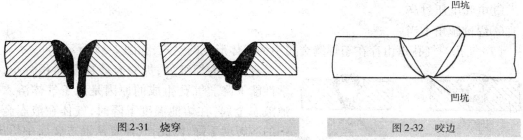

图 2-31　烧穿　　　　　　　　图 2-32　咬边

产生咬边的主要原因有：

①焊接电流过大,焊接速度过快。
②焊枪倾角不正确。
③电弧电压过高。
④送丝不均匀。

(4)焊瘤。焊瘤是熔池熔化的液态金属流淌到母材未熔化部位或已凝固的焊缝表面,造成金属堆积,形成焊瘤,如图2-33所示。焊瘤影响焊缝美观、造成焊缝应力集中;另外,焊瘤底部往往有未焊透等缺陷。

产生焊瘤的主要原因有:
①焊接电流太大,焊接速度太慢。
②焊接电压过低。
③焊枪倾角不当。
④焊件钢板表面有较厚的锈层。

(5)焊接飞溅过大。焊接飞溅不可避免,但飞溅过大,则视为焊接缺陷。焊接飞溅过大,会污染焊缝表面、浪费焊接材料;另外,飞溅物还会堵塞喷嘴,影响保护气体的均匀流出。

产生焊接飞溅过大的原因有:
①焊接电压过高。
②导电嘴过度磨损。
③焊丝及焊件表面未清理干净。

(6)未焊透。未焊透发生在焊缝与母材之间,是由未能完全熔化的金属或液态金属流动不充分形成的,如图2-34所示。

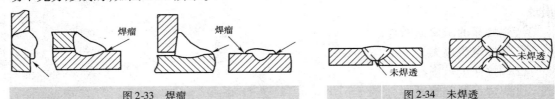

图2-33 焊瘤　　　　　　　　　　图2-34 未焊透

未焊透处焊缝横截面积减小,并会产生应力集中,降低了焊缝的力学性能,应避免出现。

产生未焊透的原因有:
①焊接电流过小。
②焊接速度过快。
③电弧电压过高。
④焊枪倾角不当。

(7)气孔。气孔是由存在于焊缝金属中的气体形成的空穴,如图2-35所示。

图2-35 气孔

有气体的焊缝处,焊缝有效横截面积减小,力学性能下降。气孔生成的原因是由于气体溶入熔池液态金属,在熔池温度下降时,气体在液态金属中的溶解度下降,因此,气体要从液态金属中析出,析出的气体要从熔池中逸出,在焊缝金属凝固之后,一部分没有逸出的气体存留在焊缝金属中,形成了气孔。

产生气孔的主要原因有:

①保护气体纯度不高,混有杂质或水分过多。

②气体流量选择不当。

③喷嘴高度太高。

④焊接的工作环境风速过大。

⑤焊接速度过快。

⑥焊接电压过高。

⑦焊件表面有油污、水、锈等杂质。

⑧喷嘴被堵,保护气体无法送出。

(8)夹渣。夹渣是焊接熔渣夹在焊缝的边缘或两层焊缝之间,如图 2-36 所示。夹渣能减小焊缝的有效工作面积,产生应力集中,降低焊缝力学性能,并影响焊缝外观。

产生夹渣的原因有:

①焊接电流太小,电压太低。

②焊枪倾角不当。

③焊接速度过慢。

④焊丝摆动过大。

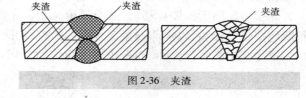

图 2-36 夹渣

(9)裂纹。裂纹是指在焊接过程中或焊接之后,焊件在焊缝或热影响区产生的开裂。主要是由于在焊接应力作用下,焊接裂纹处的金属抵抗不住应力的作用而形成。

产生裂纹的原因有:

①焊件表面有油污、水、锈等杂质。

②焊缝中含 C、S 量过高,含 Mn 量不足。

③焊缝熔深过大。

④收弧方法不当,产生了弧坑裂纹。

⑤焊接装配间隙过大。

6) CO_2-MIG 焊接方法

(1)对接焊。对接焊的步骤如下所示:

①板件定位。使用大力夹钳定位焊接板件,如图 2-37 所示。

②焊接工艺参数设定。

a. 依焊接板件和环境情况设定焊接工艺参数。

b. 以同样材质和厚度的试板进行试焊。

c. 观察焊珠情况。

d. 确认焊接工艺参数是否正确。

e. 重复调整参数直至焊珠符合要求。

③定点焊接。将工件接缝对准,对焊接板件实施定点焊接。实施定点焊接时,使两片钢板先定位,采用此种方法可以减少主焊接产生的热变性。焊点间距是板厚的 15~30 倍,如图 2-38 所示。

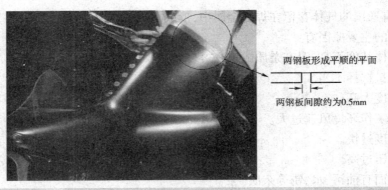

图 2-37　板件定位

④主焊接。定点焊接的焊珠将整个焊缝分成若干段,为防止焊接中产生的热变性,按分散热量的原则,以合理的顺序焊接每段焊缝,如图 2-39 所示。

焊接中以稳定的姿势移动,防止焊枪晃动。在焊接每段焊缝时,对准定点焊接的末端,间断地按焊枪开关,以焊珠连接定点焊接的点,如图 2-40 所示。

焊接薄钢板时,必须间断操作焊枪开关,如图 2-41a)、图 2-41b)所示。

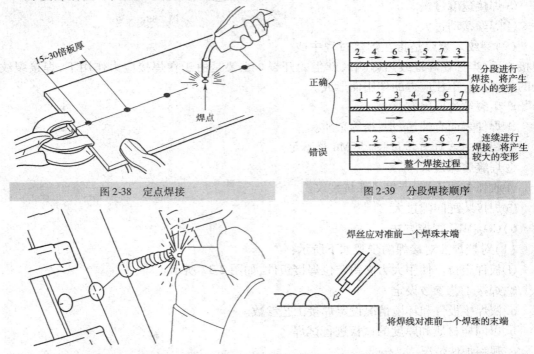

图 2-38　定点焊接　　　　　　　　　图 2-39　分段焊接顺序

图 2-40　前后焊珠的连接

⑤研磨焊珠。使用研磨机研磨焊珠及焊珠周围区域至钢板表面高度为止,如图 2-42、图 2-43 所示。

⑥施涂防锈剂。在焊接过程中,焊接热量会损伤焊接钢板背面的防锈层,为保证钢板以后的使用性,需在焊接部位的背面施涂防锈剂,如图 2-44 所示。此程序在涂装作业后

实施。

（2）塞焊。在撞伤修复中，塞焊用来代替汽车制造时所用的点焊，可用于结构件任何点焊部位的焊修。

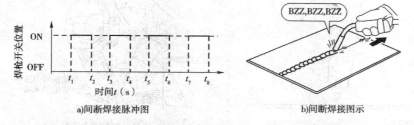

a) 间断焊接脉冲图　　　b) 间断焊接图示

图 2-41　间断操作

塞焊焊件的强度很高，适用于承载的结构件，也可用于外围装饰板和薄板件的焊修。塞焊的步骤如下所示：

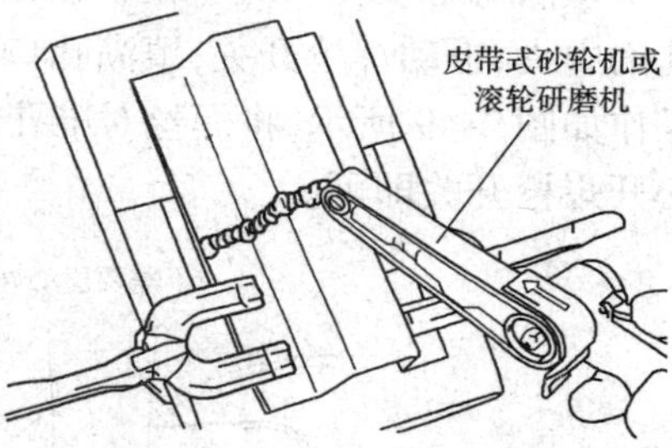

①在钢板上钻孔。当实施钻孔作业时，会在钢板的一面形成毛边，因此，钻孔前必须确认会形成毛边的一面朝向外侧。

②钢板定位。把两块钢板叠加一起并确定好它们的位置，从孔中观察两块钢板之间是否有间隙，如图2-45所示。如果钢板间有间隙，则使用手锤和手顶铁修正钢板的变形，或使用大力夹钳夹紧孔口周围，以防止产生任何间隙。

图 2-42　研磨焊珠

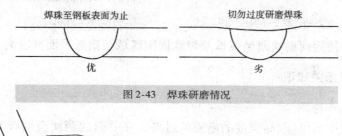

图 2-43　焊珠研磨情况

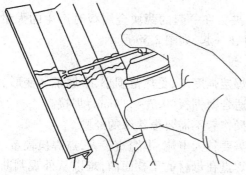

图 2-44　施涂防锈剂

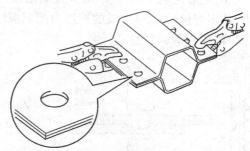

图 2-45　观察钢板间间隙

③焊接机设定。依据使用手册设定焊接机上的各项功能。

④焊接。将焊枪竖立起来，如图2-46所示。

调整好焊接姿势,如图2-47所示。

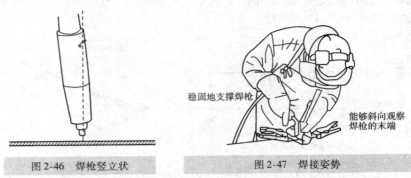

图2-46 焊枪竖立状　　　　图2-47 焊接姿势

填满每个填孔。对于较小孔径(直径约5mm)的填充操作如图2-48所示,将焊丝对准孔的中央,扳动焊枪开关,填满孔口,松开焊枪开关即可。对于较大孔径(直径8mm)的填充操作如图2-49所示,将焊丝对准孔的边缘,扳动焊枪开关,沿着孔口周围缓慢地移动焊枪,松开焊枪开关即可。

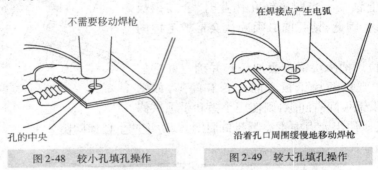

图2-48 较小孔填孔操作　　　　图2-49 较大孔填孔操作

⑤研磨焊珠。使用研磨机研磨焊珠及焊珠周围区域至钢板表面高度为止。

7 电阻点焊相关知识

1)电阻点焊基本原理

电阻点焊是利用低电压、高强度的电流流过夹紧在一起的两块金属板时产生的大量电阻热,并用焊枪(焊炬)电极的挤压力把钢板熔合在一起,如图2-50所示。

2)电阻点焊的特点

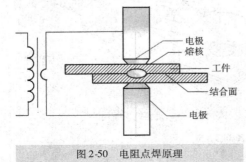

图2-50 电阻点焊原理

①焊接强度高、受热范围小,金属不易变形。
②适合薄钢板(0.7～1.4mm)焊接。
③操作者不需要很熟练的经验。
④需要较大电流,电缆直径大,点焊机较重。
⑤焊点在母材的重叠面内,难以从外观判断结合状况的好坏。
⑥焊接速度快,只需1s或更短的时间便可焊接高强度钢、高强度低合金钢或低碳钢。

3)电阻点焊焊机

电阻点焊焊机由变压器、控制器和带有可更换电极臂的焊枪(焊炬)构成,如图2-51所示。

(1)变压器。变压器将220V或380V车间线路电压转变成低电压(2~5V)、高电流的焊接电流,避免了电击的危险。变压器安装在焊枪上,通电效率高、变压器和焊枪之间焊接电流损失小。

(2)控制器。控制器可调节变压器输出焊接电流的强弱,并可以调节出精确的焊接电流通过时间。

(3)焊枪(焊炬)。焊枪通过电极臂向被焊金属施加挤压力,并流入焊接电流。大多数电阻点焊机都带有一个加力机构,可以产生很大的电极压力以保证焊接质量,如图2-52所示。

图2-51 电阻点焊焊机

4)电阻点焊的工艺参数

(1)电极压力。两个金件之间的焊接力学性能与焊枪电极施加在金属板上的压力有直接关系。电极压力太小、电流过大都会产生焊接飞溅物,导致焊接接头强度降低。电极压力太大会引起焊点过小,如图2-53所示,并降低焊接部位的力学性能,同时也会使电极头压入被焊金属的软化部位过深,导致焊接质量降低。

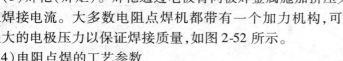

图2-52 电阻点焊焊枪

(2)焊接电流。焊接电流太大将会产生内部溅出物。如果适当减小电流或增加压力,便可使焊接溅出物减少。焊接电流越小,焊点越小;焊接电流越大,焊点越大,如图2-54所示。

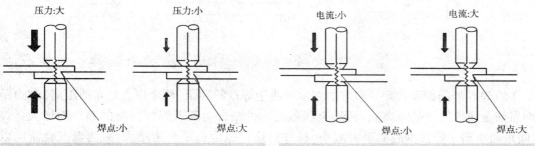

图2-53 电极压力对焊点的影响　　　图2-54 焊接电流对焊点的影响

(3)焊接时间。焊接时间太短会使金属熔合不够紧密,焊接时间一般不少于焊机说明书上的规定值。焊接时间越短,焊点越小;焊接时间越长,焊点越大,如图2-55所示。

(4)电极状况。电极头直径增加,焊点直径将减小。电极头直径减小到一定值后,焊点直径将不再增大。在焊接时,必须选择适当的电极头直径,以获得理想的焊点,如图2-56所示。

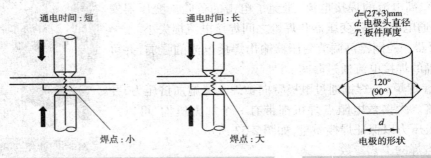

图2-55 焊接时间对焊点的影响　　图2-56 确定电极头直径的方法

电极头存在磨损、杂质时,应用专用工具进行研磨,如图2-57所示。电极头没对正,会导致焊接不良,应在焊接前进行调整,如图2-58所示。

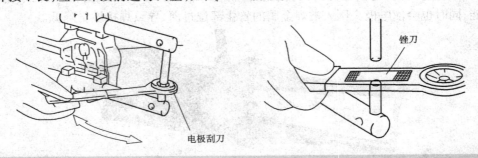

图2-57 对电极头端部进行整形

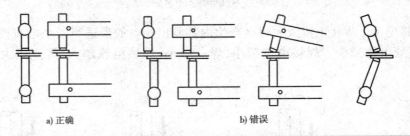

图2-58 电极头位置的正确调整

(5)焊点的间距和边距。点焊的强度取决于焊点的间距(两个焊点之间的距离)和边距(焊点到金属板边缘的距离)。两层金属板之间的结合力随着焊接间距的缩小而增大。焊点间距减小到一定程度后如果再减小,板件的连接强度也不会再增大,因为电流会流向以前的焊点。随着焊点数量的增加,电流分流也会增多,而这种分流出的电流又不会使原先焊接处的温度升高。因此,焊点的间距大小应控制在不致形成支路电流的范围内。即使焊接情况正常,如果焊点边距不够大,也会降低焊点强度。如果边距过小,将会降低焊接强度并引起金属板变形。

电阻点焊时,焊接间距和边距可按表 2-4 来选取。

焊点的间距和边距　　　　　表 2-4

板材厚度(mm)	焊点间距 S(mm)	焊点边距 P(mm)
0.4	$11 \leqslant S < 14$	$5 \leqslant S < 6$
0.8	$14 \leqslant S < 17$	$5 \leqslant S < 6$
1.0	$17 \leqslant S < 22$	$6 \leqslant S < 7$
1.2	$22 \leqslant S < 30$	$7 \leqslant S < 8$
1.6	$S \geqslant 30$	$S \geqslant 8$

(6)焊点的数量。车身维修用的点焊机功率一般小于制造厂的点焊机,因此,跟制造厂的点焊相比,进行车身维修点焊时,应将焊点数量增加 30%。

5)电阻点焊焊接方法

(1)磨除旧漆膜。把焊接区域的旧漆膜打磨掉,以使电流能够顺利地通过钢板,如图 2-59 所示。

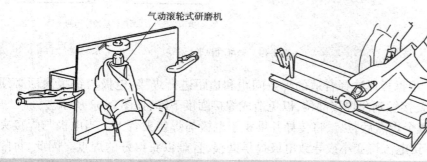

图 2-59　磨除旧漆膜

(2)涂抹点焊专用漆。因焊接部位接触面在焊接完成后不易喷涂漆层,所以必须实施防锈处理,步骤如下所示:

①吹出研磨后的粉尘。

②用擦拭纸醮除油剂。

③用擦拭纸擦除钢板面的油污。

④在脱脂剂挥发前,使用干抹布擦拭钢板的油污,如图 2-60 所示。

(3)钢板定位。将两片钢板定位好之后用大力夹钳固定。

(4)设定焊接设备。

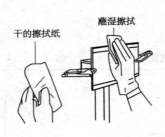

图 2-60　擦拭纸的使用及涂抹点焊专用漆

①选择焊接夹臂。正确地选择焊接夹臂的长度和形式,以使电极能正确地压紧钢板。
②调整电极。当压紧钢板时,两个电极必须在同一直线上。
③电极必保持平顺和清洁,以获得适当的焊接强度。
(5)设定焊接条件。根据钢板的厚度和材料来调整焊接电流、通电时间、焊接压力。
①以相同材质、厚度的试板进行焊接。
②通过破坏性试验检查焊点强度,如图 2-61 所示。

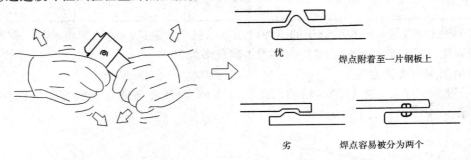

图 2-61　破坏性试验

(6)焊接。根据板厚选择合适的焊点间距和边距进行焊接,电极与钢板表面必须保持约 90°,电极不要接触到非焊接部位,以免造成焊接强度下降,如图 2-62 所示。

连续焊接数个焊点后,热量将传导并堆积于电极与焊接夹臂上。当电极与焊接夹臂的温度升高时,焊接电流将变小或导致电极提早磨损,且难以获得好的焊点。因此,每隔一段时间应使用压缩空气或水冷却电极,如图 2-63a)、图 2-63b)所示。

(7)焊接质量检查。焊点外观检查,评估焊接的完整性,如图 2-64 所示。非破坏性检查。用撬棒插入图 2-65 所示部位,如果焊点没脱开,表明焊接强度达到要求;如果焊点脱开,则表明强度不够,需重新焊接。检查完后,应用手锤和手顶铁修复被撬开部位,如图 2-66 所示。

8　钎焊相关知识

1)钎焊基本原理

钎焊有两种类型,即软钎焊和硬钎焊(用黄铜或镍)。在车身修理中所用的钎焊一般是指硬钎焊。

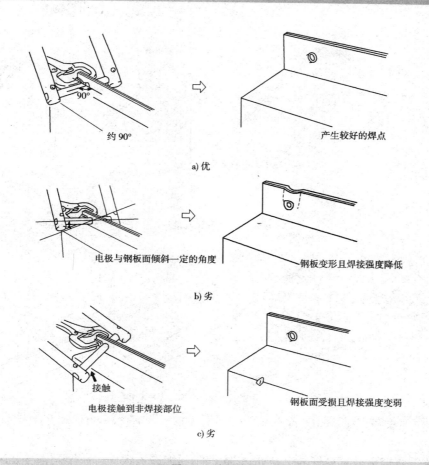

图 2-62 点焊焊接

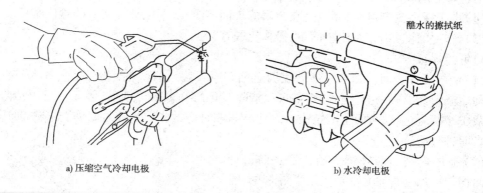

图 2-63 用压缩空气或水冷却电极

2) 钎焊的特点

(1) 钎焊过程中,两块板件是在较低的温度下结合在一起。板件不熔化,所以板件产生的变形和应力较小。

(2) 由于板件不熔化,所以能够把焊接时不相熔的两种金属结合在一起。

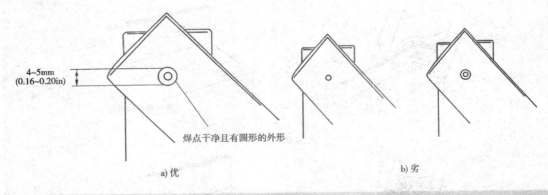

图 2-64 焊点外观检查

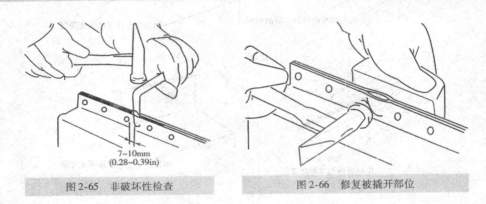

图 2-65 非破坏性检查　　图 2-66 修复被撬开部位

（3）黄铜在熔化后有良好的流动性，它能够顺利地进入板件的狭窄间隙中，很容易填满车身上各焊缝的间隙。

（4）由于板件没有熔化，而只是在金属的表面相结合，所以钎焊接头的强度很低。

（5）钎焊操作过程相对比较简单，操作比较容易。

3）钎焊焊接方法

（1）清洁工件表面。如果板件的表面上粘有氧化物、油污、油漆或灰尘，钎焊材料就不能顺利地流到金属表面上。虽然焊剂可以清除氧化层和大部分杂质，但还不足以清除掉所有的杂质，残存在金属表面上的杂质最终还会影响钎焊效果。所以在钎焊操作前要用钢丝刷对表面进行清洁。

（2）施加焊剂。彻底清洁板件后，在焊接表面均匀地加上焊剂（如果使用带焊剂的钎焊条，就不需要进行该操作），如图 2-67 所示。

（3）对板件加热。将板件的结合处均匀地加热到钎焊材料所需的温度。调节焊炬气体的火焰，使它稍微呈现出碳化焰的状态。根据焊剂熔化的状态，推断出钎焊材料熔化

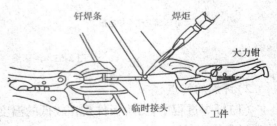

图 2-67 钎焊剂的涂敷

的适当温度,如图 2-68 所示。

(4)对板件进行钎焊。当板件达到适当的温度时,将钎焊材料熔化到板件上,并让其流动,钎焊材料流入板件的所有缝隙后,停止对板件结合处的加热,如图 2-69 所示。

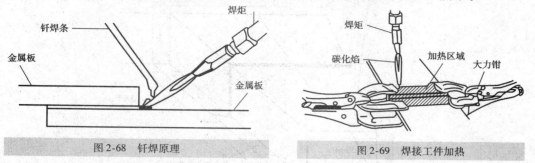

图 2-68　钎焊原理　　　　　　　　　图 2-69　焊接工件加热

(5)焊后处理。钎焊部位充分冷却后,用水冲洗掉剩余的焊剂残渣,并用硬的钢丝刷擦净金属表面。焊剂可用砂轮或尖锐的工具清除。

二、任务实施

项目　仿车身 C 柱焊接修复作业

1　项目说明

一辆一汽丰田 COROLLA 轿车后翼子板损伤。维修人员进行损伤评价后,基本可以判定后翼子板无法修复,必须进行更换。现用三块钢板制成仿车身 C 柱的箱形构件,模拟进行后翼子板更换作业中的焊接作业。

2　技术标准与要求

(1)每个学员独立完成此项目。
(2)技术标准(图 2-70、表 2-5):

技术标准　　　　　　　　　　　　　　　　　　　　　　表 2-5

检测项目	技术标准
点焊	点焊焊点形状规则,呈圆形
直径 5mm 塞焊	焊珠形状规则、无补强操作、焊珠直径约 7mm、无熔穿、无过多焊渣、无气孔
直径 8mm 塞焊	焊珠形状规则、无补强操作、焊珠直径约 10mm、无熔穿、无过多焊渣、无气孔
对接焊	焊珠形状规则、焊珠排列平直、熔深连接、热变形区域均匀、无过多焊渣、无熔穿、无气孔、工件无扭曲变形
构件整体焊接质量	构件无扭曲变形,内外板对齐,尺寸误差<1mm

3　设备器材

(1)仿车身 C 柱焊件(0.8mm 冷轧板)。

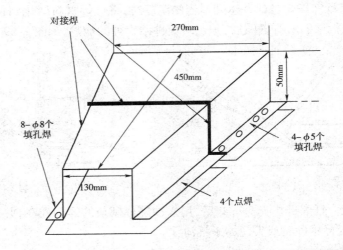

图 2-70 技术标准

(2) CO_2-MIG 焊机。
(3) 点焊机。
(4) 焊接夹钳。
(5) 气动钻(直径 5mm 和 8mm 钻头)。
(6) 皮带式研磨机。
(7) 滚轮式研磨机。
(8) 气动锯。
(9) 钢直尺(500mm)。
(10) 画针。
(11) 尖嘴钳。
(12) 遮蔽胶带。

4 作业准备

(1) 平整仿车身 C 柱焊件钢板　　　　　　　　　　　　　　　□ 任务完成
(2) 清洁仿车身 C 柱焊接构件　　　　　　　　　　　　　　　□ 任务完成
(2) 润滑气动钻、气动锯、皮带式研磨机　　　　　　　　　　□ 任务完成
(3) 准备作业单　　　　　　　　　　　　　　　　　　　　　□ 任务完成

5 操作步骤

仿车身 C 柱焊接修复工艺:
(1) 根据维修手册确定钢板切割位置。
(2) 在切割位置画线,并沿画的线贴上遮蔽胶带,如图 2-71 所示。
(3) 使用气动锯沿遮蔽胶带边缘切割钢板,如图 2-72。

图2-71 沿切割位置贴上遮蔽胶带　　图2-72 切割钢板

(4) 使用皮带式研磨机磨除钢板切割处毛刺。

(5) 在钢板指定位置钻直径5mm和直径8mm的孔,如图2-73所示。

提示:注意选择合适的钻孔方向,使钻孔产生的毛刺朝外,以免在加紧钢板时,钢板间有间隙;如果出现毛刺向内的情况,使用皮带式研磨机磨除毛刺。

(6) 使用皮带式研磨机磨除钢板边缘、焊接区域锈蚀,如图2-74所示,并进行除油、除脂处理。

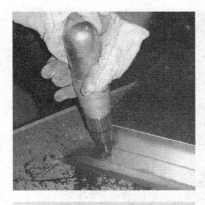

图2-73 钻孔　　图2-74 打磨焊接区域锈蚀

(7) 在钢板边缘焊接区域施涂点焊防锈漆,如图2-75所示。

(8) 使用焊接夹钳定位钢板,尺寸误差不超过1mm,在对接焊位置留约0.5mm间隙,如图2-76所示。

(9) 根据维修资料上的焊接位置和焊接类型,制订焊接工艺方案。

提示:制订的焊接工艺方案应保证焊接后钢板热变形小。

(10) 依照焊接工艺方案对钢板实施点焊、塞焊、对接焊,如图2-77~图2-85所示。

提示:在进行每一种焊接前都要进行试焊,调整合适的焊接参数。对接焊时,应使用分段焊接,并用风枪对焊缝进行冷却,尽量减少热变形。

图 2-75　施涂点焊防锈漆

图 2-76　钢板定位

图 2-77　实施点焊

图 2-78　点焊效果

图 2-79　实施塞焊

图 2-80　塞焊效果

图 2-81　对接焊定位焊

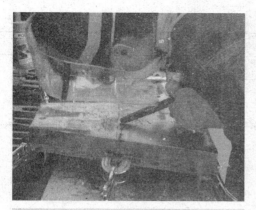
图2-82 打磨定位焊点

图2-83 实施对接焊

图2-84 对接焊正面效果

图2-85 对接焊背面效果

(11)检查焊接结果并记录,焊件整体效果如图2-86所示。

图2-86 仿车身C柱焊件整体效果图

6 记录与分析(表2-6)

仿车身C柱焊接修复作业记录单　　　　　　　　　　表2-6

姓名		班级		学号		组别	
焊接件				作业单号		作业日期	
焊接工艺				焊接质量			
点焊							

续上表

焊接工艺	焊接质量
直径5mm塞焊	
直径8mm塞焊	
对接焊	
焊件变形	
焊接件结构特征	
制订焊接工艺	

三、学习评价

1 理论考核

1）分析题

(1) 简述常见车身焊接的类型及特点。

(2) 简述 CO_2-MIG 焊接参数对焊接质量的影响。

(3) 简述 CO_2-MIG 常见的焊接缺陷及形成这些缺陷的原因。

2）判断题

(1) 目前整体式车身上应用最多的焊接方式是 CO_2-MIG 焊接。（   ）

(2) 在进行 CO_2-MIG 焊接时,所使用隔离气体的流速是 30～40L/min。（   ）

(3) 当更换车身钢板时,推荐的点焊焊接点数是原来板件上焊接点数的2倍。（   ）

(4) 点焊操作时,分流现象会导致焊接强度变弱。（   ）

3）选择题

(1) CO_2-MIG 焊接方法的特征是(   )。

    A. 比氧乙炔焊产生更多的热变形和热量　　B. 焊接前要涂熔胶在焊接部位

    C. 隔离气体是 CO_2 和氧气的混合气　　D. 喷出 CO_2 气体来隔离焊接区域和空气

(2) 以下焊接方式是电阻焊的是(   )。

    A. 等离子焊接　　B. 氧乙炔焊接　　C. 点焊　　D. CO_2-MIG 焊接

(3) 在 CO_2-MIG 焊接中,以下不是产生小孔的原因的是(   )。

    A. 钢板焊接区域上有太多的灰尘和铁锈　　B. 隔离气体流速不足

    C. 电弧长度太短　　D. 焊丝上有水或铁锈

(4)以下焊接方法对车身产生热变形最大的是(　　)。
   A. MIG 焊接　　　B. 点焊　　　C. 氧乙炔焊接　　　D. TIG 焊接

2 技能考核

项目　仿车身 C 柱焊接修复作业(表 2-7)

仿车身 C 柱焊接修复作业项目评分表　　　　　表 2-7

<table>
<tr><td rowspan="2">基本信息</td><td>姓名</td><td colspan="2"></td><td>学号</td><td colspan="2"></td><td>班级</td><td></td><td>组别</td><td></td></tr>
<tr><td>规定时间</td><td colspan="2"></td><td>完成时间</td><td colspan="2"></td><td>考核日期</td><td></td><td>总评成绩</td><td></td></tr>
<tr><td rowspan="11">任务工单</td><td colspan="2">序号</td><td colspan="3">步骤</td><td colspan="2">完成情况</td><td colspan="2">标准分</td><td>评分</td></tr>
<tr><td colspan="2"></td><td colspan="3"></td><td>完成</td><td>未完成</td><td colspan="2"></td><td></td></tr>
<tr><td colspan="2">1</td><td colspan="3">考核准备
焊接构件
设备工具</td><td></td><td></td><td colspan="2">10</td><td></td></tr>
<tr><td colspan="2">2</td><td colspan="3">清洁焊接构件</td><td></td><td></td><td colspan="2">5</td><td></td></tr>
<tr><td colspan="2">3</td><td colspan="3">润滑气动工具</td><td></td><td></td><td colspan="2">5</td><td></td></tr>
<tr><td colspan="2">4</td><td colspan="3">焊接设备使用</td><td></td><td></td><td colspan="2">5</td><td></td></tr>
<tr><td colspan="2">5</td><td colspan="3">检查点焊质量</td><td></td><td></td><td colspan="2">5</td><td></td></tr>
<tr><td colspan="2">6</td><td colspan="3">检查填孔及塞焊质量</td><td></td><td></td><td colspan="2">5</td><td></td></tr>
<tr><td colspan="2">7</td><td colspan="3">检查对接焊质量</td><td></td><td></td><td colspan="2">10</td><td></td></tr>
<tr><td colspan="2">8</td><td colspan="3">检查构件整体质量</td><td></td><td></td><td colspan="2">5</td><td></td></tr>
<tr><td colspan="2">9</td><td colspan="3">各种焊接工艺正确性</td><td></td><td></td><td colspan="2">10</td><td></td></tr>
<tr><td colspan="2">10</td><td colspan="3">清洁及整理</td><td></td><td></td><td colspan="2">5</td><td></td></tr>
<tr><td colspan="3">安全</td><td colspan="5"></td><td colspan="2">5</td><td></td></tr>
<tr><td colspan="3">5S</td><td colspan="5"></td><td colspan="2">5</td><td></td></tr>
<tr><td colspan="3">沟通表达</td><td colspan="5"></td><td colspan="2">5</td><td></td></tr>
<tr><td colspan="3">工单填写</td><td colspan="5"></td><td colspan="2">10</td><td></td></tr>
<tr><td colspan="3">工艺制订</td><td colspan="5"></td><td colspan="2">10</td><td></td></tr>
</table>

四、拓 展 学 习

1 A 柱焊接修复作业

通常前门立柱在底部、顶部或同时予以加强,切割部位应选在立柱的中部。

当采用带嵌入板的对接方式时,先安装好嵌入板并进行塞焊,在两连接截面间留与板材厚度相当的间隙,用对接焊接把立柱连接成封闭状。如图 2-87 所示为前门立柱的带嵌入板对接焊。

2 B柱焊接修复作业

（1）采用带嵌入板对接,如图2-88a)所示。
①制作一个槽形嵌入板;
②钻直径为8mm塞孔,装入嵌入板,检测尺寸参数及替换件配合情况;
③对嵌入板及立柱内侧重叠部分边缘进行塞焊。

（2）采用偏置式对接,如图2-88b)所示。

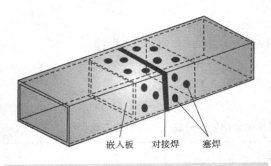

图2-87 A柱带嵌入板焊接

①在D形环固定点上方切割外侧板,但不能切到内侧板;
②切割替换件,使替换件的内侧板与B柱重叠50～100mm。

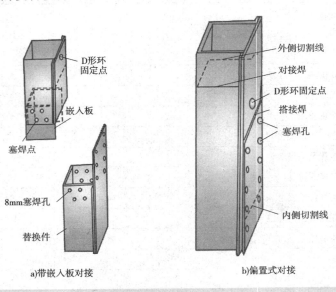

a)带嵌入板对接 b)偏置式对接

图2-88 B柱焊接方式

3 纵梁焊接修复作业

轿车的前后纵梁有两种不同的封闭形式,即管形和槽形。图2-89所示为轿车车架纵梁的截面形式。

管形纵梁的截面,大多采用带嵌入物的对接形式,焊接方法与A立柱的带嵌入板对接类似。但要注意切割部位不能选在挤压区（如前悬架的前端、后悬架的后端）,也不能选在梁上的孔和加强腹板部位。轿车车架槽形纵梁的替换如图2-90所示。

4 门槛焊接修复作业

根据车型的不同,门槛的结构采用两片、三片甚至四片的结构设计,其截面形式如图2-91所示。门槛焊接修复时,应采用带嵌入板对接或搭接。对带有B立柱的门槛替换时,须同时切割 B 立柱。

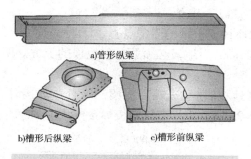

图 2-89　纵梁的截面形式

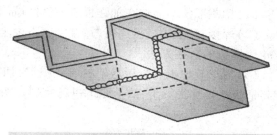

图 2-90　槽形纵梁的焊接

（1）带嵌入板对接。先切断门槛的横截面。根据门槛的具体结构，沿长度方向把嵌入板切成 2~4 段，去除翻边，将它塞入门槛的内腔，待嵌入板定位后，钻塞焊孔，将嵌入板与门槛进行塞焊。嵌入板对接的门槛焊接方法如图 2-92 所示。

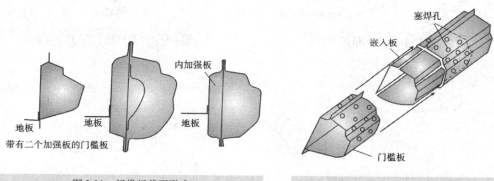

图 2-91　门槛板截面形式　　　　　图 2-92　嵌入板对接的门槛焊接方法

（2）门槛的搭接。这种方法常用于门槛内板未受损，仅需替换外板的场合。先在门立柱周围进行切割，并留出重叠区，重叠宽度约为 25mm。沿翻边焊缝处切割或分离焊点，将门槛外板与门槛分离。定位替换外板，对翻边部位及搭接重叠部位采用塞焊；搭接边缘采用断续焊，每 40mm 的间距焊缝长为 14mm 左右。图 2-93 所示为轿车门槛外板的搭接焊接。

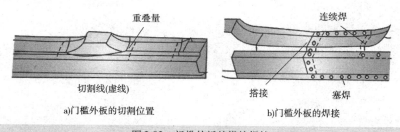

图 2-93　门槛外板的搭接焊接

5 车厢地板及行李舱地板焊接修复作业

车厢地板及行李舱地板焊接修复作业时,应注意以下几点:

(1)切割部位不能选在加强板或关键区域(如座椅安全带的固定点)。

(2)焊接时,采用搭接连接,重叠宽度不少于25mm,后地板必须放在前地板的上方。图2-94为地板的搭接方法。

(3)行李舱地板靠近后悬架处有一横梁,切割地板时,应选在后横梁凸缘处。焊接时,把新地板搭接在横梁上,从上到下进行塞焊。图2-95所示为行李舱地板焊接作业。

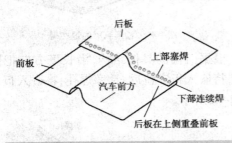

图2-94 地板的搭接方法

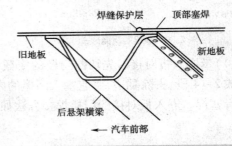

图2-95 行李舱地板焊接作业

学习任务3　车身板件维修作业——其他作业

 工作情境描述

某广汽丰田汽车维修站接收一辆广汽丰田汉兰达事故车,根据车主反映,该车左前部受到撞击。经维修人员检验,车身前部左侧面受撞击、左前翼子板变形严重、左前立柱下端变形、左前车门打开不畅、左前车门与左后车门缝隙异常且与左后车门不在同一平面上、左后车门与左后翼子板缝隙异常,其他部位无明显变形和损伤。

请通过测量车身尺寸,诊断车身受损状况,制订车身修复方法和工艺流程。

 **学习目标**

1. 叙述广汽丰田汉兰达前立柱的结构特点;
2. 描述车身常见损伤形式,分析车身损伤的成因;
3. 描述车身损伤常见的检测与校正方法;
4. 根据维修手册,在规定时间内正确选用测量设备,安全规范地进行损伤车身的检测,制订修复方法和工艺流程。

 学习时间

14学时。

 学习引导

本学习任务沿着以下脉络进行学习:

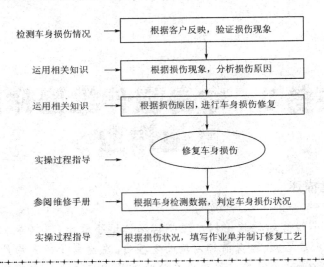

一、知 识 准 备

1 车身前立柱结构特点

汉兰达车身前立柱由三层钢板构成(图3-1),前立柱外板、前立柱内板、前立柱加强板。钢板之间通过点焊连接在一起,形成箱形结构。

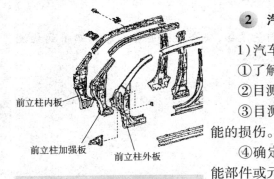

图3-1 汉兰达车身前立柱结构

2 汽车碰撞诊断

1)汽车碰撞诊断的基本步骤

①了解受损汽车车身结构的类型。

②目测确定碰撞的位置。

③目测确定碰撞的方向及碰撞力的大小,并检查可能的损伤。

④确定损伤是否限制在车身范围内,是否还包含功能部件或元件的损伤(如车轮、悬架、发动机等)。

⑤沿着碰撞能量传递路线一处一处地检查部件的损伤,直到没有任何损伤痕迹为止。例如,通过检查车身外部板件的配合间隙,确定立柱是否损伤。

⑥测量汽车主要元件。对于小的碰撞损伤,可以通过比较车身的标准尺寸和汽车上的实际尺寸进行检查,简单的测量检查可以用轨道式量规或定心量规比较车身上的尺寸。对于比较复杂的车身损伤,须用三维测量系统检查悬架和整个车身的损伤情况。

2)影响碰撞损伤的因素

汽车碰撞时,产生的碰撞力及受损程度取决于事故发生时的状况。为了准确地判定车辆的损伤,车身修复人员可通过与驾驶员交谈、现场观察等,以便掌握下列对碰撞损伤有影响的信息。

①事故车辆的车型结构、车辆基本尺寸。
②碰撞时的车速、方向和碰撞位置。
③碰撞物的差异。
④车辆的载重情况,人员或货物的数量和位置。

3) 目测确定碰撞损伤程度

大多数情况下,在碰撞部位能够观察出结构损伤的迹象。用目测检查后,进行总体估测,从碰撞位置估计汽车受撞方向及损伤程度,判断碰撞如何扩散并造成损伤。

(1) 检查车身上容易识别的损伤部位。检查中,要特别仔细地观察板件连接点有没有错位断裂,加固材料(如加固件、盖板、加强筋、连接板)上有没有裂缝,各板件的连接焊点有没有变形,油漆层、内涂层及保护层有没有裂缝和剥落以及零件的棱角和边缘有没有异样等。

(2) 检查车身部件的间隙和配合。在车身上的车门、翼子板、发动机舱盖、行李舱盖、车灯之间的配合间隙都有一定的尺寸要求,通过观察和测量它们之间间隙的变化,可以判断发生了哪些变形,如图3-2所示。

 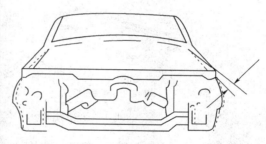

图 3-2　车身上的配合间隙

(3) 检查汽车惯性损伤。当汽车受到碰撞时,一些质量大的部件(如发动机),因惯性作用会转化成巨大的作用力,使其向相反方向移动而发生冲击,造成损伤,这就需要对固定件、周围部件及钢板进行检查。

3　车身碰撞损伤变形

1) 车架式车身碰撞损伤变形

车架式车身有坚固的车架,车身通过螺栓和橡胶垫固定在车架上,在发生碰撞时,由于有坚固的车架承受巨大的撞击力,车身的损伤程度往往会轻一些,因此在对车架式车身进行修复时,重点是对车架的修复。车架受损时的变形,大致可分为以下5种类型:

(1) 左右弯曲变形。如图3-3所示,侧向碰撞冲击经常会引起汽车车架的左右弯曲。左右弯曲通常会发生在车架的前部、中部或后部,一般可以通过观察钢梁的内侧及对应钢梁的外侧是否有皱曲来确定。此外,通过车门长边上的裂缝和短边上的褶皱、车辆一侧明显的碰撞损伤、车身和车顶盖的错位、发动机舱盖和行李舱盖与相应的开口部不匹配(或不能正常开启)等,也可初步断定左右弯曲变形。

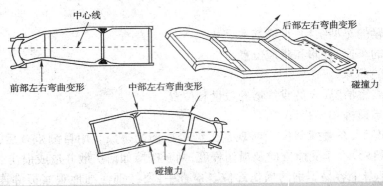

图 3-3　车架前、中、后部的左右弯曲变形

（2）上下弯曲变形。如图 3-4 所示，从车身外壳表面观察，通常有前部或后部低于正常车辆车架的现象，整个车身在结构上也有前倾或后倾的现象。上下弯曲一般由前方或后方的直接碰撞引起，可能发生在汽车的一侧，也可能发生在两侧，判别上下弯曲变形可以查看翼子板与车门之间的缝隙是否在顶部变窄、在下部变宽；也可以查看车门在撞击后是否下垂。严重的上下弯曲变形能够破坏上部车身的准直。

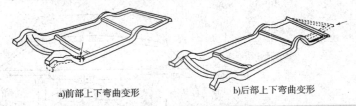

a）前部上下弯曲变形　　　　　　b）后部上下弯曲变形

图 3-4　车架前部和后部的上下弯曲变形

（3）断裂变形。如图 3-5 所示，车辆在碰撞后，车上的某些部件或车架的尺寸会小于原车的技术尺寸。断裂损伤通常表现在发动机舱盖的前移或后风窗的后移。有时，车门可能吻合得很好，看上去也没有受到任何干扰，但褶皱或其他严重的变形有可能发生在车身或车架的拐角处，而且侧梁还会在车轮轮罩处向上提升，引起车身的损伤。保险杠受到断裂损伤后，一般会有一个非常微小的位移（多为来自前方或后方的直接碰撞而引起）。

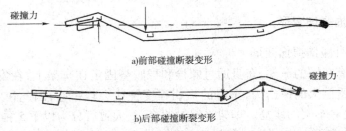

a）前部碰撞断裂变形

b）后部碰撞断裂变形

图 3-5　车架的断裂变形

（4）菱形变形。车架的一角或偏心点受到来自前方或后方的撞击时，其一侧整体向前或向后移动，引起车架或车身的歪斜，使车架形成一个接近平行四边形的形状，称为菱形变形，如图 3-6 所示。

菱形变形会对整个车架造成影响,而不仅仅是汽车一侧的钢梁。从外观上我们可以看到发动机舱盖和行李舱发生错位,在接近后车轮轮罩的相互垂直的钢板上或在垂直钢板接头的顶部可能出现褶皱,同时,在主车地板或行李舱地板上也可能出现褶皱或弯曲。此外,菱形变形还会附有许多断裂及弯曲损伤的组合损伤,但菱形变形很少发生在整体式车身上。

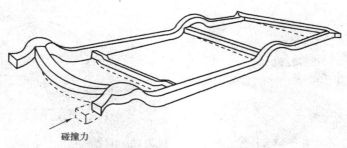

图3-6　车架的菱形变形

(5)扭转变形。如图3-7所示,当汽车在高速下撞击到路缘石或路中隔离带时,就可能发生扭转变形;在后侧角端发生碰撞和翻滚时,也往往会出现这种损伤。

受到此损伤后,汽车的一角会比正常情况高,而相对的一角则会比正常情况低。可能在钢板表面上看不出任何明显的损伤,而真正的损伤往往隐藏在底层。在碰撞力的作用下,汽车的一角会向前移,而临近的一角下垂得很接近地面,这时就应对汽车进行扭转损伤检查。

2)整体式车身碰撞损伤变形

整体式车身汽车通常能够很好地吸收碰撞时产生的能量。汽车车身由于吸收碰撞能量而折合收缩,该碰撞能量因被车身更深入的部位吸收而逐渐扩散直至完全消除。整体式车身的损伤可用圆锥图形法分析,如图3-8所示。我们将碰撞点看成锥体的顶点,圆锥体的中心线表示碰撞的方向,其高度和范围表示碰撞力穿过车身壳体扩散的区域。圆锥顶点处是直接损伤的部位,为主要的受损区域。

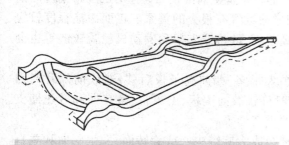

图3-7　车架的扭转变形

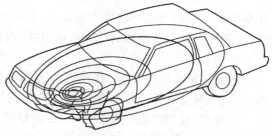

图3-8　圆锥图形法分析碰撞对整体式车身的影响

由于整个车身壳体由许多薄钢板连接而成,碰撞能量大部分被车身壳体吸收了。其中一部分碰撞能量被碰撞区域的部件通过变形吸收掉,另一部分能量会通过车身的刚性结构传递到远离碰撞的区域,这些被传递的振动波引起的损伤称为二次损伤。二次损伤会影响整体式车身的内部结构或被撞击部位相对一侧的车身。

为了控制二次损伤变形并为乘客提供一个更为安全的乘坐空间，承载式车身在其结构上采取了不同刚度等级的方法，在其前部和后部都设计有吸能区（图3-9），车辆前后部发生碰撞时，这些吸能区可以吸收大量的碰撞能量，从而保护中部的成员空间；来自侧向的撞击则被主车地板侧梁及其加强梁、中心立柱、车门侧向防撞杆等加强部件抵抗和吸收，如图3-10所示。

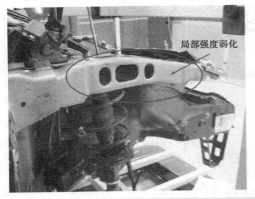

图3-9　车身吸能区设计

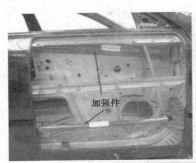
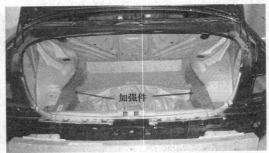

图3-10　车身加强件

（1）汽车前部碰撞变形。图3-11所示是一辆汽车发生前部正面碰撞时的变形情况。前车身碰撞变形的程度与碰撞力的大小、方向和碰撞物等有很大的关系。正面碰撞程度较轻时，保险杠会被向后推移，保险杠、前纵梁、前翼子板、散热器支架和发动机舱盖铰链等也会发生折曲。

正面碰撞程度较重时，其损伤的范围会扩大很多，如前翼子板后移，造成前门开启困难；发动机舱盖严重变形并伴随铰链翘曲，有时可触及前围板、上罩板；散热器和散热器支架严重变形，前侧梁发生弯曲或裂伤，前悬架严重变形等。

如果碰撞来自斜前方，前侧梁的连接点则会成为旋转中心或旋转面，发生侧向和垂直方向的弯曲，如图3-12所示。侧向碰撞引起的振动还会从碰撞点传递到另一侧的前部构件，即两侧的车身前部构件均会发生变形损伤。

（2）汽车后部碰撞变形。汽车后部碰撞时，其受损程度取决于碰撞面积、碰撞时的车速、碰撞对象和车辆的总质量等。如果碰撞力小，后保险杠、后地板、行李舱盖、后翼子板等可能变形；如果碰撞力大，相互垂直的板件会弯曲，后顶盖顶板会塌陷至顶板底面。对于4

门车,车身中部可能弯曲,如图3-13所示。

图3-11　汽车前部正面碰撞变形情况

图3-12　汽车前部斜前方碰撞变形情况

(3)汽车中部碰撞变形。当发生侧面碰撞时,车门、前部构件、中柱以及地板都会变形(图3-14)。分析汽车的构造对确定车辆侧面的碰撞损伤十分重要。如果侧向碰撞较严重时,车门、中柱、门槛板、车顶纵梁都会发生严重弯曲变形,甚至未被撞击一侧的中柱、车顶纵梁也会朝碰撞相反方向变形。

图3-13　汽车后部碰撞变形情况

图3-14　汽车中部碰撞变形情况

(4)汽车顶部碰撞变形。由坠落物体撞击而使汽车顶部受到变形损伤时,受损的不仅仅是车顶钢板,车顶侧梁、后顶盖侧板以及车窗等可能同时被损伤。当车辆发生翻滚时,车身支柱、车顶盖板、悬架会受到损伤(图3-15)。汽车顶部损伤的程度可通过车窗、车门的变形来确定。

图3-15　汽车顶部碰撞变形

（5）整体式车身的碰撞损伤是按弯曲变形、断裂变形、增宽变形和扭转变形的顺序进行的。

①弯曲变形。在碰撞瞬间，由于汽车结构具有弹性，使碰撞振动传递到较远距离的大部分区域，从而引起中央结构上水平及垂直方向的弯曲变形。左右弯曲通常通过测量车身宽度或对角线长度来判断是否超出标准范围，上下弯曲变形通常通过测量车身部件的高度是否超出配合公差进行判断。

②断裂变形。当碰撞过程持续进行时，在碰撞点上就会产生显著的挤压，这样碰撞的能量被结构的变形吸收（以保护乘客室），离中心点较远的部位可能会产生褶皱、断裂或松动。断裂损伤通过测量其长度是否超出配合公差来判别，它与传统车架式车身的断裂损伤相似。

③增宽变形。对整体式车身而言，正面碰撞时传到乘客室的碰撞力会使侧面结构的弯曲远离乘客方向（而不是向内侧挤压），同时侧梁变形，车门的缝隙增宽。通常可以通过测量门隙的变化和门高的变化来加以判断。

④扭转变形。发生扭转变形以后，汽车的一角通常较正常位置高些或低些，而另一侧的情况与撞击一侧相反。即使最初的碰撞直接作用于中心点，但再次的冲击还是能够产生扭转力，从而引起车身的扭转损伤。整体式车身的扭转变形与车架式车身的扭转变形相似，通常是碰撞的最后结果，可以通过测量其高度或宽度的尺寸变化来判断，整体式车身各类变形如图3-16所示。

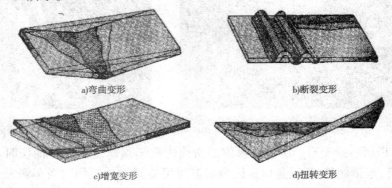

a) 弯曲变形　　b) 断裂变形
c) 增宽变形　　d) 扭转变形

图3-16　整体式车身各类变形示意图

4　车身测量技术

车身的测量工作在车身修复程序中必不可少，在事故车的损伤评估、校正、板件更换及安装调整等工序时，都要用到车身测量技术。车身修复中的测量，一般包括维修作业前的检测，用于确认车身损伤状态和判断变形程度；维修作业过程中的检测，用于对修复过程和质量进行有效的控制；竣工后的检测，用于为验收和质量评估提供可靠的数据。

1）机械式车身测量系统

（1）常规车身测量工具。维修人员常用的基本测量工具有钢直尺和卷尺，它们可以测量两个测量点之间的距离，如图3-17所示。

(2)量规测量系统。量规主要有轨道式量规、中心量规等,它们既可单独使用,也可相互配合使用。

①轨道式量规。轨道式量规不仅每次能测量和记录一对测量点,同时还可以和另外两个控制点进行交叉测量和对比检验,其中至少有一个为对角线测量。用轨道式量规测量的最佳位置为悬架和机械元件上的焊点、测量孔等,如图3-18所示,它们对于部件的对中具有关键作用。

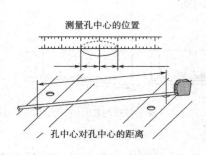

图3-17 用卷尺进行点对点测量

图3-18 轨道式量规测量发动机舱尺寸

用轨道式量规进行点对点测量。在车身构造中,大多数控制点都是孔、洞,而测量尺寸一般是孔中心至孔中心的距离。当测量孔的直径比轨道式量规的测量头锥头小时,测量头的锥头起到自定心作用,如图3-19所示;当测量孔的直径大于测量头锥头直径时,为了测量精确,在两孔直径相同时,使用同缘测量法,如图3-20、图3-21所示,即两个孔中心的距离等于两个孔同侧边缘的距离;如果测量孔直径不同,有时甚至两个孔的类型也不同时,要测出两个孔中心的距离,需先测量两孔内缘间距离,后测得两孔外缘间距,然后将两次测量结果相加再除以2即可。

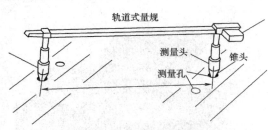

图3-19 轨道式量规进行点对点测量

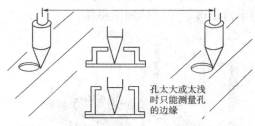

图3-20 同缘测量法

②中心量规。最常用的中心量规是自定心量规,它不是用来测量实际尺寸的。量规(通常为3或4个)悬挂在汽车上,每一个横臂相对于量规所附着的车身结构都是平行的。将中心量规分别安放在车身最前部、最后部、前轮的后部和后轮的前部,用肉眼通过投影可检查车身结构是否准直,如图3-22所示。中心量规的测量主要内容是找到车身的基准面、中心面和零点平面,并找出它们的偏移量。

(3)机械式三维测量系统,如图3-23所示。在测量时,机械式三维测量系统通过绕车辆移动,不仅能检查车辆所有基准点,而且能快速地确定车辆上的每个基准点的位置,使测量更容易、更精确。

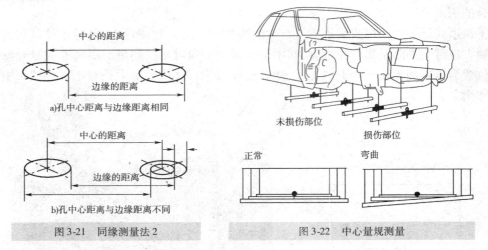

图 3-21 同缘测量法 2　　　　图 3-22 中心量规测量

2) 电子式车身测量系统

电子式车身测量系统使用计算机和传感器,以便迅速、便捷地测量车身结构和损伤情况,在测量系统中,计算机数据库储存了大量的不同厂家、不同年代的车身数据,这些标准的车身数据图可以随时调出。系统可以自动地将实际测量值与标准测量值进行比较并在屏幕上显示,无需人工查阅数据手册或记录测量数据。

(1) 半自动电子测量系统。常见的半自动测量系统使用自由臂方式进行测量,通过转动多个自由臂可以移动到空间的任意一个位置,在连接处有角度位移传感器,任何一个关节转过的任何一个角度会被传输记录到计算机上。自由臂的每个臂长是一定的,计算机会自动计算出自由臂端部到达的空间位置的三维数据尺寸。半自动的电子自由臂测量系统只有一个测量臂,在测量中每次只能测量一个控制点,不能做到多点同步进行测量。图3-24为半自动电子角位移测量系统。

图 3-23　机械式三维测量系统

图 3-24　半自动电子角位移测量系统

(2) 全自动电子测量系统。常用的全自动电子测量系统有超声波测量系统(图 3-25)和激光测量系统(图 3-26)。全自动电子测量系统由发射器(发射超声波或激光)、反射靶或接收器、计算机、测量头组成,每次能测量多个控制点,可以做到多点同步进行测量。

图3-25 超声波测量系统

图3-26 激光测量系统

3）车身三维测量原理

在进行车身三维测量时，就像使用直尺测量数据一样，要有一个零点作为尺寸的起点。同样，车身三维测量也必须先找到长度、宽度和高度的测量基准，测量才能顺利进行。

（1）基准面。基准面是一个假想平面，与车身地板平行并与之有固定的距离。基准面是测量车身高度尺寸的基准，如图3-27所示。

由于基准面是一假想平面，与车身地板之间的距离可以增加或减小，以方便测量需要。如果工作中以设定的基准面安装测量仪器有困难，可以调整基准面的高度，选取合适的安装位置。读取数值时，只需考虑测量值与标准值之间的差值。

（2）中心面。中心面是一个与基准面垂直并与汽车纵向中心线重合的平面，它将车身分成左右对等的两部分。车身宽度方向的横向尺寸都是以中心面为基准测得，如图3-28所示。

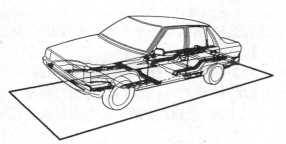
图3-27 基准面

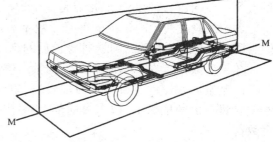
图3-28 中心面

（3）零平面。为了正确分析车身的损伤程度，一般将汽车看作一个矩形结构并将其分成前、中、后三部分，分割三部分的基准面称为零平面。在实际测量中，零平面也叫零点，是测量长度尺寸的基准，如图3-29所示。

在实际测量中，高度基准一般使用车身校正仪的平台平面；宽度中心面是车辆的中心面与测量系统的中心面重合或平行；长度的基准不在平台或测量尺上，而是在车身上，可以找到前或后的零平面作为长度基准，以测量其他测量点的长度尺寸。

4）车身数据图

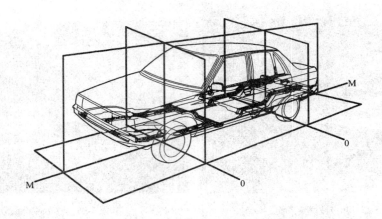

图 3-29 零平面

各个汽车厂家的汽车都有车身数据,有些数据公司通过测量获得数据。不同的数据公司和厂家提供的数据格式可能不同,但表达的内容基本一致,都需提供车身主要结构件、板件(车门、发动机舱盖、行李舱盖、翼子板等)的安装位置,机械装置(发动机、悬架等)的安装尺寸。

(1)底部车身数据图。图 3-30 是底部车身数据图的俯视图,前部为发动机舱数据图,后部为车身底部数据图。

①宽度数据。在俯视图的中心部位有一条线把车身一分为二,这条线代表中心面。车身上的测量点用数字 1~28 表示,每个数字代表车身上左右两个测量点。分别通过每个测量点到中心面的数据,可以直接读出任意一测量点的宽度数据。

②高度数据。在数据图的上方有一排图标,有圆圈、六角形和正方形等。圆圈表示测量点是一个孔、六角形表示测量点是一个螺栓、正方形表示测量部件的表面。A、B、C、E 等字母表示测量时使用的量头的型号。数字表示高度数值,有时同一个点有两个高度值,是因为测量有螺栓时的高度和拆掉螺栓后的高度是不同的。

③长度数据。在 14 和 18 两个测量点位有两个黑色的"×"符号,表示这两点是长度方向的基准。在图的下部方向可以看出,以车身后部 18 号点为长度基准,得到汽车前部各个测量点的长度数值,以车身前部 14 号点为长度基准,得到汽车后部各个测量点的长度数值。

(2)上部车身数据图。上部车身数据图主要显示上部车身的测量点。包括发动机舱部位翼子板安装点、散热器框架安装点、减振器支座安装点和其他一些测量点,还有前后风窗的测量点,前后门测量点,前、中、后立柱铰链和门锁的测量点,行李舱测量点等。

有些数据图显示的是上部车身点与点之间的数据,如图 3-31 所示。有些数据图是显示上部车身每个测量点的三维数据图,如图 3-32 所示。

5)测量方法

(1)有车身数据测量。在测量系统的数据库中有被测量车辆的车身数据时,用实际测量获得的数据与车身数据图对比,即可知道车身情况。

学习任务 3 车身板件维修作业——其他作业

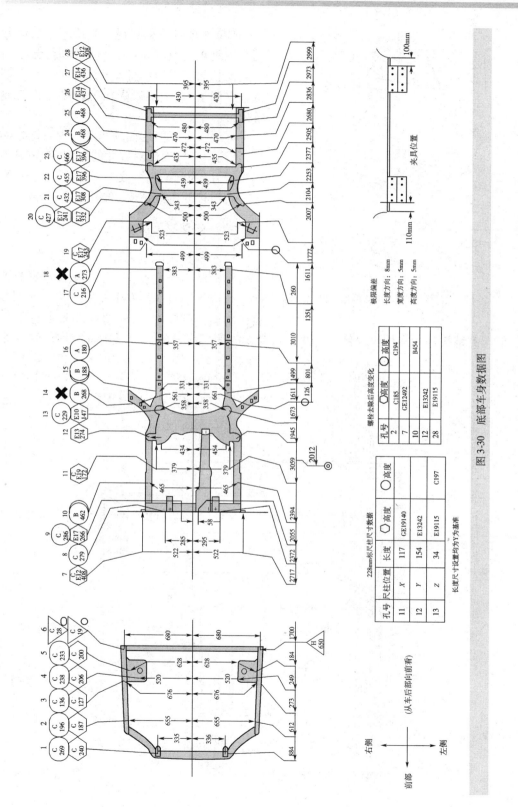

图 3-30 底部车身数据图

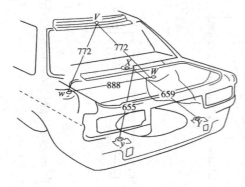

（2）无车身数据测量。当测量系统的数据库中无被测量车辆的车身数据时，常常通过对比相同车型的车身尺寸来测量。在无车身数据测量中，不能以损伤的控制点作为测量依据。

如果没有可供选择的车身作为对比条件时，可利用车身构件对称性的原则，使用对角线测量方法进行测量。这一方法适用于左侧和右侧对称的车身结构，如图3-33所示。

5 车身校正技术

1）车身校正的重要性

车辆受到严重撞击后，车身的外部覆盖件和结构件钢板都会发生变形。车身外部覆盖件的损伤可以用于锤、垫铁和整形修复机

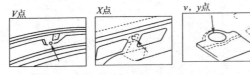

图3-31 上部车身点与点之间的数据

修复，但车身结构件的损伤仅仅使用这些工具是无法完成修复的。由于车身结构件强度非

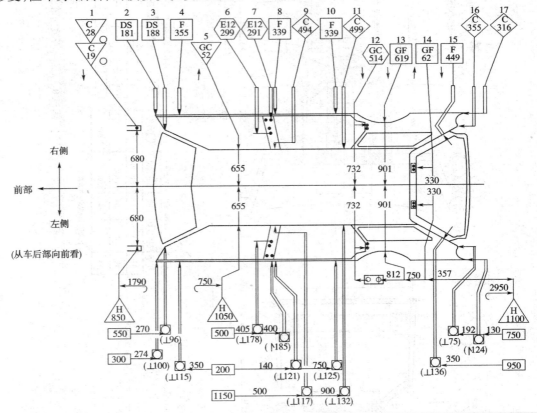

图3-32 上部车身三维数据

常高,修复这些部件,必须通过车身校正仪才能快速精确地完成。

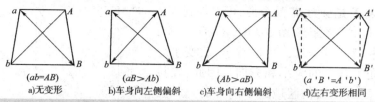

a) 无变形 (ab=AB)　　b) 车身向左侧偏斜 (aB>Ab)　　c) 车身向右侧偏斜 (Ab>aB)　　d) 左右变形相同 (a'B'=A'b')

图 3-33　对角线测量

车身校正的重点是精确地恢复车身的尺寸与状态。因为车身(特别是整体式车身)是车辆的基础,汽车的发动机、悬架、转向系统等都安装在车身上,如果这些部件安装点的尺寸没有校正到位,就会影响上述部件在车辆上的装配。

在车身校正时,消除由于碰撞而产生的车身和车架的变形和应力也非常重要。并不是所有变形部件都可以在校正后继续使用,有些部件特别是高强度钢和超高强度钢制造的部件,其变形后内部应力相当大,而且用常规的方法无法完全消除这些应力,所以对于这些部件不能校正,只能更换。

2) 车身校正的基本原理

校正车身时,有一个基本原则,即按与碰撞力相反的方向,在碰撞区施加拉伸力。当碰撞力很小时,损伤比较简单,这种方法很有效。当发生剧烈碰撞时,仍采用这种拉伸操作就不能使车身恢复原状。因为对于变形复杂的板件,在拉伸恢复过程中,其强度和变形也随之变化,因此需按照板件的恢复情况不断调整力的大小和方向,如图 3-34 所示。

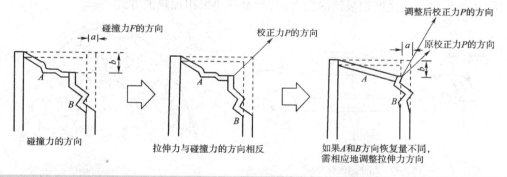

图 3-34　施加拉伸力的方向

为了使拉伸力始终向着正确的方向,在每一次拉伸时,要预先确定一个拉伸力的参考点,如图 3-35a) 所示,在金属板件恢复变形过程中,拉伸力的方向虽然在不断变化,但拉伸力参考点始终使拉伸力在一个想象的直线方向上,而这条直线恰好通过部件原来位置的延伸线,因此会使金属板件恢复到正确的位置上,如图 3-35b) 所示。

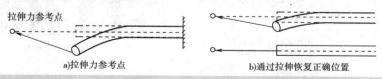

a) 拉伸力参考点　　b) 通过拉伸恢复正确位置

图 3-35　拉伸力参考点

从力的分解和合成(图3-36)中可以得知,在正方形 ABCD 中,X,Y 是分力,Z 是合力,可以得到 $X + Y = Z$ 的关系。同理,在矩形 AFHD 中,$X + Y' = Z''$;在矩形 EGCD 中,$X' + Y = Z'$。可以看出,改变了分力的大小就改变了合力的大小和方向。因此,在拉伸校正时,建议同时在损伤区域的不同方向上施加拉力。把力加在与变形相反的方向,可以看作是确定有效拉力方向的原则。

拉伸操作过程的核心是拉伸力的方向和大小,金属在弹性力的作用下会自动沿外力作用的反方向恢复形状,拉伸到什么位置恰好能使金属板件恢复原形是技师必须重视的问题。为了抵消金属弹性力作用,拉伸量应有少许过量,但要绝对避免过度拉伸,如图3-37所示。一旦发生过度拉伸就必须更换新的板件,因为要使被拉长的金属缩短几乎不可能。

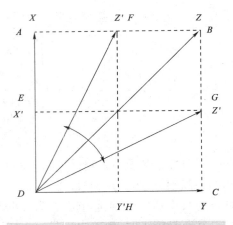

图3-36 拉伸力的分解

在受到外力的作用下,金属内部的晶粒受到挤压发生了变形,如图3-38所示,由此产生了应力,称为内应力。如果拉伸校正的金属板外形恢复后,允许这些有微小变形和不均匀晶粒的存在,金属内部还会有大量的应力存在,如图3-39所示。加热和外力敲击可以使金属板恢复原来的状态,如图3-40所示,减少了应力,使金属板尽可能恢复平直,并且保持它原来的状态。在对高强度钢板消除应力时,尽量不要采用加热的方式。

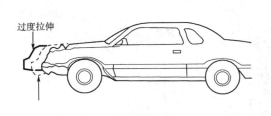

图3-37 防止过度拉伸

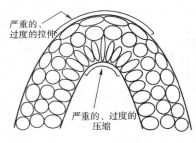

图3-38 金属内部晶粒的变形

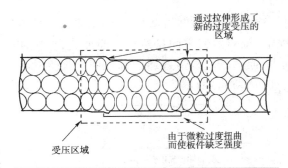

图3-39 校正后板件内部的晶粒仍然存在变形

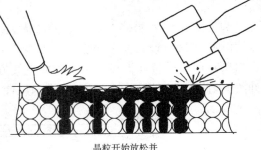

图3-40 恢复变形的晶粒(消除应力)

3）车身校正设备

车身校正设备具有两个基本功能：第一是能方便地将车身固定，使其在拉伸过程中处于相对静止的状态；第二是提供辅助设备，可围绕车身在各个方向进行拉伸。根据使用要求的不同，车身校正设备大体可分为以下 3 类：

（1）地框式车身校正系统（图 3-41）。地框式车身校正系统是一种简易的车身校正系统，适用于车身损伤程度较小的情况。其特点是建设成本低、使用灵活、占地小、拉拔工具简单、易操作，特别适用于小型修理厂及快修车间对车身轻微损伤的修复操作。

（2）框架式车身校正仪（图 3-42）。优点是占地较小、移动灵活、价格低廉，适合小型修理厂。缺点是车辆装夹比较麻烦，需借助举升设备将车辆举起，然后平稳放在校正仪上装夹，配备的拉塔不易在工作台上随意转动，也不易锁定位置，带来操作上的不便。同时，拉拔力有分力抵耗，拉力不够强劲；只有 4 个通用大边夹具来固定车身，对于裙边损伤或没有传统立式裙边的事故车无法进行装夹维修，也不能对大型事故车进行精确的修复；没有配备测量尺，不能对车身及底盘进行测量，不能确定事故车的维修质量。

图 3-41　地框式车身校正系统

图 3-42　框架式车身校正仪

（3）平台式车身校正仪（图 3-43）。平台式车身校正仪一般都配有两个或多个塔柱进行拉伸校正，以及各种对车身各部位进行拉伸的夹持工具（图 3-44）。这种拉伸塔柱为车身修复人员提供了很大的自由度，可在绕车身的任何角度、任何高度和任何方向进行拉伸。其中很多平台式车身校正仪有液压倾斜装置或整体液压升降装置，利用一个手动或电动拉车器，将车身拉或推到校正平台的一定位置上。平台式车身校正仪同时也配备有通用测量系统，通过测量系统的精确测量，可指导拉伸校正工作准确、高效地进行。

图 3-43　平台式车身校正仪

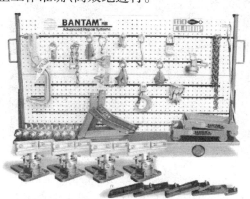
图 3-44　拉伸用的钣金工具

4）车身校正前的准备工作

（1）车身损伤分析。特别是对整体式车身应进行详细的测量和车身损伤分析，分析得越详细，修复方案就越完善，整个车身修复工作的质量、效率就越高。

（2）车辆部件的拆除。在拉伸校正开始之前，应拆去车上妨碍校正的部件，包括外覆盖件和机械部件。因为整体式车身的损伤容易扩散到较远处，有些甚至隐藏在这些部件或系统里面，只有拆除这些部件后才能更好地找出损伤。

（3）对车身进行测量。通过目测，我们可以知道一些车身损伤的情况，但只有通过精确的测量我们才能准确知道车身损伤的程度和变形的范围。确定了损伤程度和损伤区域后，才能够制订出完善合理的修复计划，才可以进行有效拉伸和校正。车身主要控制点的尺寸在拉伸中要不断进行测量和监控，以保证修复的准确性。

（4）制订拉伸程序。制订拉伸修理程度时，应遵循两条基本规则，以最少的拉伸量校正修复损伤，并且不会造成进一步的车身结构损伤。在进行修复时，应按与碰撞损伤相反的顺序修复损伤部件，即最后出现的损伤要最先修复，最先出现的损伤要最后修复。

5）拉伸操作方式

（1）单向拉伸（图3-45）。整体式车身的拉伸校正和车架式车身的拉伸校正有很大不同。单向拉伸对车架式车身的校正具有相当好的效果。车架式车身的车架金属板厚在3mm以上，可以承受反复拉伸，一般不会发生过度拉伸或拉断现象。

整体式车身损伤较轻的表面可以使用单向拉伸进行修复。在修复结构复杂的部件时，必须注意防止与其关联的、未损伤或已修复的部件也受到拉伸，从而造成不应有的损伤，甚至无法修复的结果。为了避免这类情况，需要使用多点拉伸系统辅助拉伸和定位。

（2）多点拉伸（图3-46）。整体式车身特别是大量使用高强度钢的整体式车身，结构复杂，碰撞力容易扩散到整个车身，而且整体式车身大部分的钢板比较薄，高强度钢板在变形后内部有大量加工硬化，在修复时，这些变形的钢板恢复原状需要更大的力，当只用单向拉伸修复时，有时变形还没有恢复，但钢板可能已经被撕裂，所以整体式车身的部件在拉伸时要求使用多点拉伸。

图3-45 单向拉伸

图3-46 多点拉伸系统

多点拉伸可以同时从3个或4个点上进行，能精确地按所需方向有效地进行拉伸，从而对整体式车身修复程度进行必要的控制。

多点拉伸极大地减小了每个拉力作用点上所需的力,较大的拉伸力通过几个连接点加以分散,因此减少了薄钢板被拉断的危险。

6)车身(车架)定位

(1)车架式车身定位(图3-47)。可以采用在车架的固定孔(位于车架的架梁上)内放置适当的塞钩进行定位。为使塞钩与车架梁对中,需要用垫块进行调整,或者使用链条张紧器调整。为防止拉伸力过大造成车架损伤,建议在孔上焊接加强垫片后再拉伸。

(2)整体式车身定位(图3-48)。必须用多点固定方式,至少需要4个固定点,根据车身结构及拉伸部位,有时还需要额外的固定点。

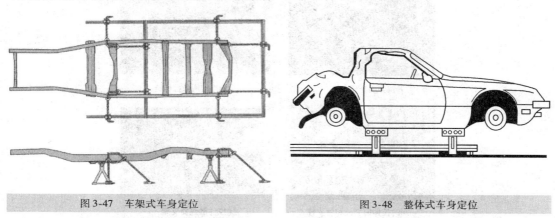

图3-47　车架式车身定位　　　　图3-48　整体式车身定位

7)车身校正钣金工具的使用

为了更好地对整体式车身进行拉伸修复,针对车身不同部位的变形修复设计了多种钣金工具(图3-49),这些工具可以对车身进行有效的修复。图3-50给出了一些钣金工具的用法。

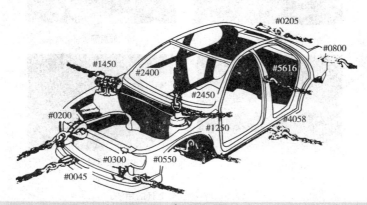

图3-49　车身上安装的各种钣金工具

在使用钣金工具时,必须注意正确的使用方法,否则会损伤夹具和车身。在拉伸时,必须使拉力方向的延长线通过夹齿的中间,否则夹钳有可能受扭转力矩而脱开,还会使钳口夹持部位损伤。在设计拉伸夹钳进行多点拉伸时,需要充分发挥想象力和创造力。图3-51给出了一些钣金工具的正确和错误用法。

a) 拉伸中立柱1

b) 拉伸中立柱2

c) 拉伸前悬架支柱

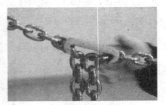
d) 连接两条拉伸链

e) 同时拉伸前立柱和侧立柱

f) 拉伸散热器支架

g) 拉伸前悬架支架

h) 拉伸后围板

i) 拉伸车底裙边

j) 拉伸前纵梁

图 3-50 各种钣金工具的用法

在拉伸校正中,如果钣金工具不容易夹持在变形区域时,可暂时在需要拉伸的部位焊接一小块钢板,修复完成后,再去掉钢板,如图 3-52 所示。

8) 拉伸校正程序

在拉伸校正之前制订拉伸校正方案,需初步确定以下内容:

① 确定拉伸的方向。

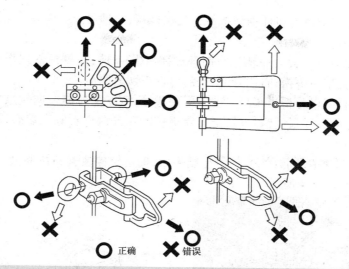

图3-51 钣金工具的正确和错误用法

②按照与碰撞损伤相反的顺序修复碰撞时出现的损伤（先里后外）。

③设计拉伸点和拉伸顺序。

④找到安装拉伸夹钳的正确位置。

⑤估算修复损伤所需的拉伸量。

⑥确定必须拆下哪些零部件才能进行拉伸。

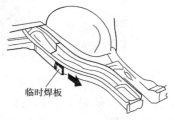

图3-52 临时焊板

整个拉伸校正的程序在车身损伤分析和制订修复计划的过程中已经安排好了，在具体的校正过程中，可能还需要根据具体情况做相应的调整。整个车身修复过程应遵循从里到外的顺序完成。因为车身尺寸的基准在车身中部，需要先对车身中部进行修复，使车身中部尺寸恢复，以其为基准再对前部或后部的尺寸进行测量和校正。

一个部件在受到损伤后，可能存在三个方向的损伤，修复可以按以下顺序进行：首先校正长度，然后校正宽度，最后校正高度。

整个拉伸校正过程具体到每一个变形板件的拉伸校正时，拉伸校正的程度是由损伤部件的大小决定的。拉伸前需要知道每个损伤部件变形的方向和变形的大小，这需要准确的测量结果作为依据。

具体拉伸校正过程可总结为以下原则：

先重后轻，即优先矫正损伤最大的部位。

先强后弱，即同一部位的变形应先由强度大的构件开始矫正。

先中间后两边，即从中间部位开始操作。

先里后外，即先变形的后拉伸，后变形的先拉伸。

先长度后宽度，即长度和宽度两个方向同时存在变形时，优先矫正车身长度方向的变形。

先低后高，即由车身底部开始矫正，而车身顶部位的变形则可以放到最后进行。

多点多次，即避免单点拉伸损伤板件，多次分解段拉伸可及时消除应力。

9）车身损伤修复

(1) 车身前部损伤修复。一辆汽车前部被撞（图3-53），左侧板件损伤严重，左前侧梁、挡泥板及散热器支架应更换；右侧变形较轻，可校正恢复原形。

通过碰撞位置可以分析出车身左前方受到碰撞，需按与碰撞方向相反的方向对左前侧梁进行拉伸，在左前侧梁尺寸恢复后，把需要更换的左前侧梁拆除。然后，再修复右前挡泥板和右前侧梁。

测量车身前部 A、B 处尺寸，分析测量结果后，确定拉伸位置和拉伸量，对车身前部左侧进行拉伸校正，如图3-54所示。

图3-53 车身前部碰撞损伤

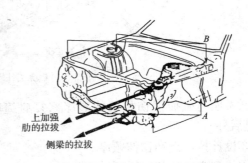
图3-54 车身前部左侧拉伸

如果拉伸校正一侧的损伤对另一侧的部件产生了影响，需将前横梁和散热器支撑分开，再分别校正。在修复右前侧梁时，应夹紧纵梁里面的损伤面，向前拉伸时，在损伤部位要有一个力同时从外向里拉，如图3-55所示。

(2) 车身后部损伤修复。汽车受到侧面的碰撞后，门槛板中心位置受到严重损伤，门槛纵梁弯曲，地板变形，车身弯曲成香蕉状（图3-56）。如果碰撞力很大，变形会延伸至车身另一侧。

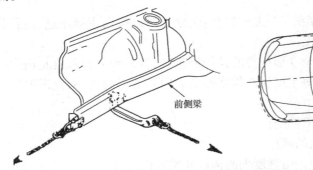
图3-55 前侧梁弯曲拉伸

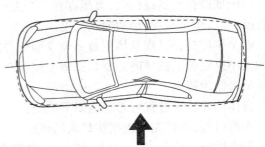
图3-56 车身侧面碰撞损伤

修复这类损伤，可采用如下方法：将车身的两端拉开，再将凹陷的车身侧面向外拉（图3-57）。必要时，可在使用一些辅助夹具加强车身定位。

10）校正后的检查

修复（包括所有校正和焊接操作）完成后，需要对车辆进行最后的检查。在检查时，车

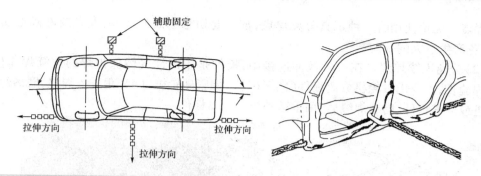

图 3-57 车身侧面拉伸校正

身修复人员需要绕着汽车周围观察,看看是否有明显的校正错误。检查修复顺序,看每一项是否做好,如果检查中发现问题,应重新进行拉伸,不要等到更多的修复程序完成之后又发现问题。检查时应注意以下 3 点:

① 检查车门与车门槛的间隙。
② 检查整个车身上部所有部位总的平整情况。
③ 开、关车门,开、关发动机舱盖和行李舱盖,检查开、关是否过紧。

最终检查完毕后,汽车可留在校正台上,重新装上修复前被取下的部件,然后车辆就可以从校正台上移下来。

6 车身板件更换

1)车身板件更换要求

当车身上一些板件受到损伤时,可用钣金加工的手法修复金属板上的凸起、凹陷、褶皱。对一些损伤严重或锈蚀严重的板件,无法修复则必须予以更换。当板件发生以下损伤情况时,需进行切割后更换:

(1)板件严重弯折,即当一个金属板件的弯曲弧度小于 1/8 弧度或弯曲半径小于 3.2mm 或弯曲角度超过 90°时,则需将其更换。

(2)对于严重的腐蚀损伤,更换板件通常是唯一的补救方法。将生锈的金属板件切割下来,在原来的位置焊接上新的局部板件。

(3)对于已经破损的板件,无法修复,需要进行局部更换。

(4)对于结构性板件,如有可能应进行修复而不更换,如果损伤严重,才进行更换。

(5)对于高强度钢板,例如保险杠加强件和侧护门梁,这些板件受损后必须更换。在任何条件下,都不能用加热的方法校直高强度钢板。

2)结构性板件的拆卸

(1)分离电阻点焊焊点。首先确定焊点的位置。为了找到焊点的位置,需去除底漆、保护层或其他覆盖物。可用氧乙炔或氧丙烷焰烧焦底漆,并用钢丝刷将其刷掉。为了减少金属板受热应力影响,最好用钢丝砂轮、砂轮机磨除涂料。清除漆膜后,焊点位置仍不清楚时,可在两块板之间用錾子錾开,即可看见焊点轮廓,如图 3-58 所示。

确定焊点位置后,可使用气动钻(图 3-59)或带夹紧装置的焊点转除钻(图 3-60)等工具钻除焊点。无论使用哪一种工具分离焊点,都不要切割下面的板件,并且要准确地切割焊点,避免产生过大的孔。

(2)分离连续焊缝。在一些板件连接中,板件是用惰性气体保护焊的连续焊连接的。由于焊缝长,需要用砂轮机分离板件(图3-61)。握紧砂轮机以45°角进入焊缝,磨透焊缝而不磨进或磨透板件,磨透焊缝后,用手锤和錾子分离板件。

图3-58 用錾子确定焊点位置

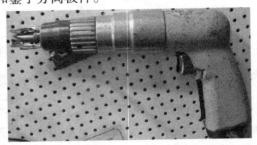

图3-59 气动钻

图3-60 焊点转除钻

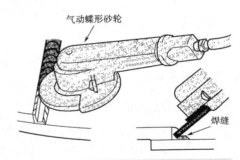

图3-61 砂轮机分离板件

(3)分离钎焊区域。钎焊用于外盖板边缘处或车顶与车身立柱的连接处。通常用氧乙炔焊枪或氧丙烷焊枪熔化钎焊的金属以分离钎焊区域,如图3-62所示。

(4)分离电弧钎焊区域。对于电弧钎焊区域,电弧钎焊金属熔化的温度比普通钎焊高,用氧乙炔焊熔化钎焊金属会导致下面板件的损伤,所以通常用切割砂轮机分离钎焊区域,如图3-63所示。

3)车身板件更换前车辆的准备

拆卸损伤的板件后,待修复的车辆要做好安装新件的准备。

图3-62 氧乙炔焊分离钎焊钢板

(1)磨掉点焊区域焊缝痕迹,清除板件连接表面背部的油漆,因为这些部位在安装时要用点焊焊接。

(2)用手锤和垫铁配合,平整板件相配合处的弯曲、翘曲、褶皱等变形,保证焊接时两层板件能很好配合且没有缝隙。

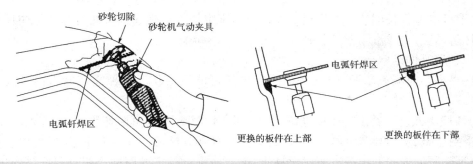

图3-63 切割砂轮机分离钎焊区域

（3）在去除板件连接面上的油漆和腐蚀物后，金属裸露出来，应在金属表面涂上可导电的防锈底漆。因为连接表面不能再进行喷涂，所以焊接前要采用防锈底漆处理。

4）新板件的准备

所有新板件都涂有底漆，所以必须在焊接的结合面上清除底漆，使点焊操作能顺利进行。在不能进行点焊的地方，可钻孔并采用塞焊方法。对新板件进行切割时，需遵循以下原则：

（1）切割部位尽可能选择在构件与构件之间的结合处。

（2）对全承载式轿车而言，切割部位应避开车身设置的挤压区，如发动机舱、行李舱，以及悬架安装位置、尺寸参照基准孔、发动机和传动部件安装位置等。

（3）切割部位应避开构件加强板的支撑点，如加强腹板、加强盘等。

（4）切割部位应避开应力集中部位，并使构件切换后不造成新的附加内应力，如切割线不能选在两构件垂直交接处等。

（5）切割部位应兼顾到切换作业的难易程度，如是否便于切割，需拆装的相关零件多少与难易程度等。

（6）用气动锯或砂轮切割机对换新钣金件进行粗切割，切割时，换新件接口处尺寸应比车身接口处尺寸大19~25mm。还可用报废车辆上的未损伤部位作为替代件，但须检查其腐蚀情况，若已锈蚀，则不能再用。

5）新板件的定位

一般有两种方法定位车身板件：一种是用测量的方式，用测量工具确定安装位置，对结构性板件的定位必须精确，所以常用这种方法；另一种是目测的方式，通过新板件与周围板件之间的相互关系确定位置。无论是结构板件还是装饰板件的更换，重点都在于准确的配合，只有配合准确了，才能保证高质量车身修复所要求的精确和美观。

当换新件在车身上定位时，为防止新件错位和移动，新件的定位可用大力钳、临时点焊等方法。若不能使用夹钳固定，则可采用自攻螺钉固定，待焊接后，再拆自攻螺钉，并将螺钉孔用点焊填满。

7 车身防腐

腐蚀或锈蚀是一种氧化反应，氧气、暴露在空气中的金属、水蒸气是导致腐蚀的三个因素。目前汽车制造厂通过精心设计，并运用先进的制造工艺，对汽车各部件都做了防锈处理，基本上可以保证长期使用不生锈。如果对汽车维护不正确或经常在特殊环境中使用就容易破坏防锈层，造成汽车车身生锈。

1) 引起腐蚀的因素

即使很小心地保护车辆，防腐保护涂层仍然可能被损伤。这种损伤通常由下列因素引起：

(1) 漆膜失效。道路上产生的盐碱、含化学物质的灰尘，均可破坏漆膜，加速汽车生锈，特别是受到盐碱、灰尘和蒸汽的污染侵蚀，会使车身部分锈蚀。在沿海一带，空气中含有盐分、工业污染所形成的酸雨等有害化学物质，更会加重对汽车的腐蚀。相对湿度高的地区，也会加速车身锈蚀，特别是在温度刚高于0℃时，生锈的倾向更为严重。

(2) 碰撞损伤。汽车受到意外或石块碰撞而划伤表面油漆保护层，也会导致锈蚀。

(3) 维修过程中的破坏。在车辆维修时，由于焊接、切割、钻孔等操作会使漆膜遭到破坏。

2) 防腐材料

防腐材料可分为以下四大类：

(1) 防腐化合物。它是蜡基或石油基的防腐化学物质，能够防止开裂和磨损，能够作为底漆涂抹在金属表面上，可以隔音并完全密封表面。防腐化合物一般用于车身底部和内部板件上，以使其渗入车身缝隙和接缝处，产生柔顺的保护膜。

(2) 缝隙密封剂。一般用于防止水、泥和烟穿过板件接缝，在防止相邻表面之间的腐蚀方面起到很好的作用。

(3) 焊接底漆。一般用于两个焊接零件的连接部位。

(4) 腐蚀转化剂。它将氧化亚铁（红色）转化成氧化铁（黑色或蓝色）。腐蚀转化剂可能还包含某些乳胶剂成分，在转化完成后起到密封表面的作用。对于不能完全清理干净的部位，使用腐蚀转化剂能起到很好的效果。

3) 维修时的防腐保护

为了保证防腐效果，防腐层必须施涂到干净的金属表面上，而且涂层必须紧密，不能有裂痕。在进行车身修复时，应遵循以下要求：

(1) 尽量保留原有涂层。

(2) 使用转化涂层，在钢板表面产生磷酸锌涂层。

(3) 在焊接部位的裸金属上涂抹焊接底漆。

(4) 不要混用不同厂家的防腐产品。

4) 施涂防腐材料

施涂防腐材料时一定要小心，防腐材料应当远离传热零部件、电器部件、标牌、识别码和活动的零部件。对于外露的车身板件，防腐程序一般如下：

(1) 用除蜡剂、除脂剂清洁金属表面。根据情况，去除隔音材料，因为它会储存水蒸气而引起腐蚀。

(2) 用磷化底漆或环氧树脂底漆打底。

(3) 在施涂好的底漆部位涂抹密封剂，喷涂油漆。

二、任 务 实 施

▍项目　车身损伤检测与修复

① 项目说明

某广汽丰田汽车维修站接收一辆广汽丰田汉兰达事故车(图3-64),该车前部左侧面遭受撞击,左前翼子板变形严重,左前立柱下端变形,左前车门打开不畅,左前车门与左后车门缝隙异常且与左后车门不在同一平面上,左后车门与左后翼子板缝隙异常,其他部位无明显变形和损伤。请通过测量车身尺寸,诊断车身受损状况并制订车身修复方法和工艺流程。

② 技术标准与要求

(1)每三个学员一组完成此项目。
(2)技术标准(表3-1):

技　术　标　准　　　　　　　　　　　　　　　　　　　　　表3-1

检测项目	技术标准
车身尺寸误差	小于2mm
更换新件焊缝质量	焊缝密封良好,无孔洞,无明显变形
防腐防锈质量	焊缝、板件金属防腐防锈性良好

③ 设备器材

(1)汉兰达车身。
(2)车身测量系统。
(3)车身校正系统。
(4)CO_2保护焊机。
(5)大力钳。
(6)气动锯。
(7)钣金修复套件。
(8)气动凿。
(9)钻枪。
(10)皮带式研磨机。
(11)砂轮机。
(12)防锈剂。
(13)密封胶。
(14)防火毯。
(15)左前立柱外板新件。
(16)左前翼子板新件。

4 作业准备

(1)事故车损伤情况如图3-64所示,拆卸影响车身检测和校正的车身部件,如图3-65所示 □ 任务完成

(2)将事故车车身固定在校正台上 □ 任务完成

(3)准备作业单 □ 任务完成

图3-64 事故车损伤情况

图3-65 拆卸车身部件

5 操作步骤

车身检测与校正工艺流程如下:

(1)清洁车身表面。

(2)清洁测量工具。

(3)使用目测和手触摸的方法初步判定损伤情况。前立柱下部外板和加强板变形,且向内压缩凹陷,使左前翼子板安装孔的位置发生移动(图3-66)。左前车门也发生了轻微的位移,与左后车门高度和间隙出现了差异(图3-67)。

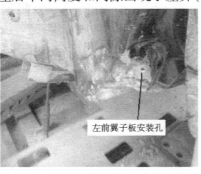

图3-66 前立柱下部变形情况

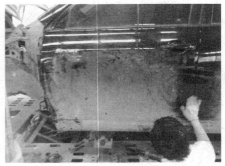

图3-67 车门变形情况

(4)使用拉钩对前立柱下部外板进行初步拉伸(图3-68),来进一步确定受损的程度。目测看到前立柱内板向内后方发生变形,导致左前翼子板下螺栓安装点移位。

(5)根据维修手册及车身左右对称的结构特点,使用测量工具测量损伤部位(左前立柱下部、左前车门框、左后车门框、部件之间的缝隙、部件安装位置尺寸)车身尺寸,并记录。

(6) 根据测量数据,诊断车身损伤情况。

(7) 分析损伤情况,制订初步校正方案。由于后翼子板是固定的,不能活动,车门的调整需从后车门开始调整,调整完成后,可作为左前车门调整的基准,进而校正前立柱。

(8) 左后车门调整。受撞击后,左后车门与后翼子板缝隙变小,左后车门向后有轻微移动。为此,调整车门铰链(图3-69),检查配合情况,左后车门与后翼子板缝隙应为4mm左右。左后车门调整完成后,根据方案应调整左前车门。但左前立柱变形较大,无法通过调整左前车门铰链将车门调整好。所以需将前立柱校正到位后再调整左前车门。

图3-68 用拉钩对前立柱外板进行初步拉伸

图3-69 调整车门铰链

(9) 初校正前立柱加强板。用砂轮机将前立柱下部受损部位切开,露出前立柱加强板。由于无法在前立柱加强板上直接进行拉拔,所以为方便拉拔操作,在前立柱加强板上焊接一块拉拔钢板起辅助拉拔作用。对前立柱加强板进行初拉拔,在拉拔时,对前立柱外板上的褶皱变形进行敲击,使其恢复到原来的形状,如图3-70、图3-71所示。

图3-70 前立柱加强板初拉拔

图3-71 修复前立柱褶皱变形

(10) 初拉拔后,检查前后车门的缝隙以及车门开关是否有异响,从而确定拉拔方向的正确性和拉拔量是否合适。在符合要求之前,每拉拔一次以后需测量相关车身尺寸,正确调整拉拔方向和拉拔量,直至符合要求。

(11) 拆除辅助拉拔的钢板。

(12) 确定切割区域,切除前立柱外板下端。确定前立柱外板切割区域并画线,沿线切割钢板,用钻枪钻除切割区域内的点焊点(图3-72),用气动凿分离点焊连接(图3-73)。所有焊点分离后,拆下前立柱外板(图3-74)。

(13) 进一步校正前立柱加强板。目测发现前立柱加强板上前翼子板安装孔处向内凹陷,下边缘向内变形(图3-75)。在前立柱加强板上焊接辅助拉拔钢板,进行拉拔操作,并用手锤敲击高点释放应力(图3-76)。每拉拔一次后需测量车身相关尺寸,确保正确的拉拔方向和拉拔量。

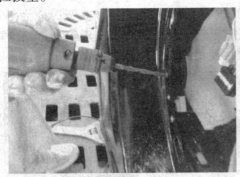
图3-72 钻除点焊点

图3-73 气动凿分离点焊连接

图3-74 拆下前立柱外板

图3-75 前立柱加强板变形情况

(14) 当前立柱加强板校正到原来大致形状时,去除辅助拉拔钢板,安装上车门,检查车门配合缝隙和开关门情况。

(15) 试安装左前翼子板新件(图3-77),检查前翼子板安装孔位置是否正确。如有偏差,重复上述校正步骤,直至翼子板新件上的安装孔与加强板上的安装孔对正为止。

图3-76 进一步拉拔前立柱强加板

图3-77 试安装左前翼子板新件

(16)左前车门调整。根据车门配合要求,通过调节车门铰链和锁扣(图3-78),调整车门位置。

(17)初切割左前立柱外板新件。观察左前立柱外板新件所需区域(图3-79),根据旧件的大小确定新件初始切割位置进行切割(图3-80),切割后新件尺寸须大于旧件尺寸,留出一定余量以便后续的精切割。

(18)将新件试安装在前立柱上,并使用大力钳固定左前立柱处板新件(图3-81)。根据新件安装情况,确定前立柱旧件的切割量并画线,用气动锯沿线将前立柱旧件上的多余量切掉(图3-82)。

图3-78 敲击锁扣调整车门

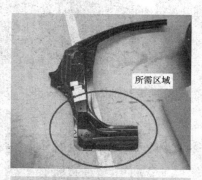
图3-79 左前立柱外板新件

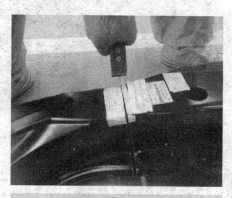
图3-80 左前立柱外板初切割

图3-81 固定左前立柱外板新件

(19)安装左前立柱外板新件并调整,用大力钳定位。安装车门铰链螺栓辅助新件安装定位(图3-83)。用手锤轻轻敲击,调整好新件的位置(图3-84),新件与旧件结合处的间隙留0.5mm左右,并用大力钳固定。

(20)用钻枪钻塞焊孔(图3-85),孔直径5mm,孔距要平均,塞焊孔的数量是原来点焊点的1.3倍。

(21)打磨切割处的毛刺和漆膜。

(22)焊接左前立柱外板新件。用防火毯遮蔽车内饰件,用CO_2保护焊对切割处进行对接焊(图3-86)、边缘处进行塞焊(图3-87)。

(23)打磨焊缝和焊点(图3-88),使板件平整。

(24) 安装左前翼子板,再次检查板件配合情况。左前翼子板安装孔与左前立柱安装孔对正情况应良好(图3-89)。

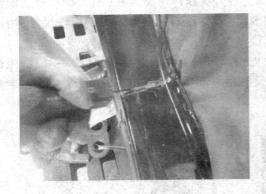
图3-82 切除旧件上多余量

图3-83 安装车门铰链螺栓辅助新件定位

图3-84 用手锤敲击调整新件位置

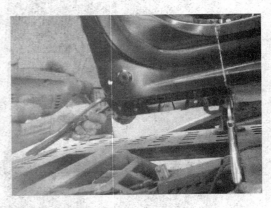
图3-85 用钻枪钻塞焊孔

图3-86 对接焊

图3-87 塞焊

学习任务3 车身板件维修作业——其他作业

图3-88 打磨焊缝和焊点

图3-89 左前翼子板安装孔对正情况

（25）对焊缝和焊点做防锈处理（图3-90）。
（26）对焊接处做密封处理（图3-91）。
（27）安装拆下的车身部件（图3-92），对车辆进行最后检查。

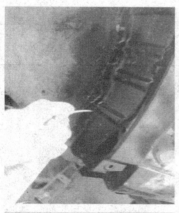

图3-90 对焊缝和焊点做防锈处理

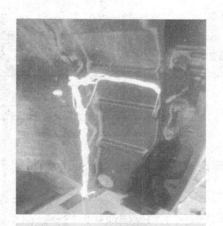

图3-91 对焊接处做密封处理

图3-92 安装拆下的车身部件

6 记录与分析（表3-2）

车身损伤检测与修复作业记录单　　　　　　　　表3-2

姓名		班级		学号		组别	
车型				作业单号		作业日期	
检测项目				检查结果			
前照灯与周围板件配合情况							
前翼子板与周围板件配合情况							
前车门与周围板件配合情况							
后车门与周围板件配合情况							
发动机舱盖与周围板件配合情况							
发动机舱盖安装尺寸							
前翼子板安装尺寸							
前车门安装尺寸							
后车门安装尺寸							
处理意见							
制订修复工艺							

三、学 习 评 价

1 理论考核

1）分析题

（1）简述影响车辆碰撞损伤的因素。

（2）试分析整体式车身常见损伤形式及成因。

（3）简述车身校正拉伸中应遵循的原则。

2）判断题

（1）整体式车身上，吸能区一般位于车身中部。　　　　　　　　　　　　　　　（　　）

（2）在车身校正中，可以使用加热和外力敲击的方法消除内应力。　　　　　　　（　　）

（3）车身校正作业只需恢复车身的外形尺寸。　　　　　　　　　　　　　　　　（　　）

（4）被过度拉拔的车身板件，应采取加热的方法进行收缩。　　　　　　　　　　（　　）

3）选择题

（1）为保护车内人员，车身前部和后部的特点是（　　）。

　　A. 刚性最大，不易产生变形　　　　B. 刚性较小，容易产生变形

　　C. 刚性适中，利于碰撞冲击力的传递　　D. 外柔内刚，吸收碰撞能量

(2)承载式车身与非承载式车身结构的本质区别在于(　　)。
　　A. 发动机安装位置不同　　　　B. 汽车驱动形式不同
　　C. 是否拥有一个完整独立的车架　D. 悬架的结构不同
(3)在车身修复中,以下操作中应绝对禁止的是(　　)。
　　A. 用氧乙炔焰切割板件　　　　B. 在损伤车身的"挤压区"内焊接加强钢板
　　C. 在拉拨时有少许过量　　　　D. 在拉拨时用加热的方法消除钢板应力
(4)车身碰撞后,下列哪种损伤可能最后发生(　　)。
　　A. 弯曲变形　　B. 板件产生褶皱　　C. 断裂损伤　　D. 扭曲变形

2　技能考核

项目　车身损伤检测与修复(表3-3)

车身损伤检测与修复项目评分表　　　　　　　　　表3-3

基本信息	姓名		学号		班级		组别	
	规定时间		完成时间		考核日期		总评成绩	
任务工单	序号	步骤			完成情况		标准分	评分
					完成	未完成		
	1	考核准备 车身 设备工具					10	
	2	清洁车身					5	
	3	清洁量具					5	
	4	设备工具使用					10	
	5	损伤判断					5	
	6	检查焊接质量					5	
	7	检查防腐防锈处理					5	
	8	检查车身尺寸误差					5	
	9	确定校正方案					10	
	10	清洁及整理					5	
安全							5	
5S							5	
沟通表达							5	
工单填写							10	
工艺制订							10	

学习任务4　车身轻微损伤的修复

 工作情境描述

某汽车维修站接收一辆捷达事故车,根据车主反映,该车后保险杠、左前翼子板、左前车门受损。经维修人员检验,该车后保险杠凹陷、左前翼子板、左前车门均有小面积凹陷,确定为轻微损伤。

请诊断车身受损状况,并制订车身修复方法和工艺流程,对车身进行修复。

 学习目标

1. 能描述车身修复的工艺流程;
2. 能描述车身钢板覆盖件的种类、损伤的类型、常用的修复方法;
3. 能描述车身塑料件的种类和常用的修复方法;
4. 根据车身维修手册规范,完成车身钢板的修复作业;
5. 根据车身维修手册规范,完成车身塑料件的修复作业;
6. 知道汽车漆面修补涂装流程,并做好喷涂前的准备工作;
7. 按照安全操作规范进行底漆施工,中涂层涂料施工及面漆喷涂。

 学习时间

36学时。

 学习引导

本学习任务沿着以下脉络进行学习:

学习任务4　车身轻微损伤的修复

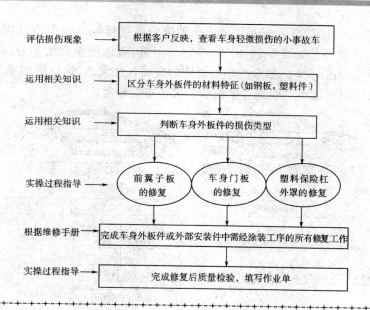

一、知　识　准　备

目前事故车按照受损情况可分为两种形式:轻微损伤的车辆(即小事故车)和严重损伤的车辆(大事故车)。

轻微损伤的车辆,主要是指车身外板件的变形,所进行的修理工作主要是对外板件或外部安装件进行整形;严重损伤的车辆,除了车身的外部板件的变形外,车身的结构件也发生了弯曲、扭曲等变形,非车身零部件也会有损伤,一般需要通过矫正平台才能完成修复工作。而对这种两种损伤车辆的修复,正是汽车钣金维修人员最典型的工作,车身大致修复工艺流程如图4-1所示。本学习任务主要是针对轻微损伤的修理工作。

1　车身金属板损伤的类型

车身在经历碰撞后的损伤状况复杂,但构件的损伤有一定的规律,即同种加强形式的构件其损伤类型通常是一样的。在修复损伤时,将整个车身的损伤分解为若干个小的损伤区域再分别修复,可以提高工作效率,并有利于减少维修造成的二次损伤,保证全车身的总体强度。

作为车身维修工作人员,必须要分辨车身损伤的类型,采取适当的维修工艺和方法。车身碰撞后的损伤可以分为直接损伤和间接损伤两个类型,两种类型的损伤要采用不同的修复方式区别对待。对于板件和构件的具体损伤状况,根据其结构形式和加强形式,又有单纯铰折、凹陷铰折、单纯卷曲和凹陷卷曲4种类型,针对这4种类型的修复要分别采取不同的修复方法。

1)直接损伤和间接损伤

(1)直接损伤。直接损伤通常以断裂、擦伤或划痕的形式出现,用肉眼即可看到。直接损伤是引起碰撞的物体与金属板上受到损伤的部位直接接触而造成的,如图4-2所示。在所有的损伤中,直接损伤通常只占10%~15%,但是,碰撞能量会沿车身传递造成间接损伤,它在总的损伤中占80%。如今汽车上使用的金属往往太薄,难以重新加工,矫正修复需花费很多时间,所以一般不对受到直接损伤的部位进行修复。

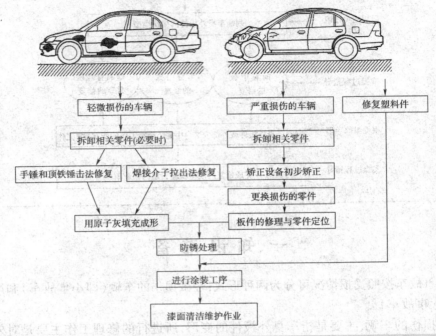

图4-1 车身大致修理工艺流程

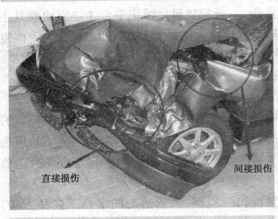

图4-2 直接损伤和间接损伤

（2）间接损伤。间接损伤是由直接损伤引起的。通常在所有的损伤中,大部分都是间接损伤。大多数碰撞都会同时造成这两种损伤。各种构件所受到的间接损伤没有什么区别。它总是产生同样的弯曲,同样的压力。对间接损伤的修理方法也是相同的,只是由于受损伤部位的尺寸、硬度和位置的不同,所用的修复工具有所不同。

汽车上的钢板构件在受到碰撞时,造成的折损加重了加工硬化的程度。但要注意,金属被折弯后,不一定会出现永久变形。如果弯曲后,金属能够恢复到原来的形状,则金属没有产生永久变形。如图4-3所示,图中的钢板只是发生弯曲,但没有产生永久变形。了解这些部位的变形情况对于确定正确的修复方法起着重要的作用。

2) 卷曲变形和弯曲变形
(1) 卷曲变形。在下列情况下,金属板发生了卷曲变形：

①金属板上有一个小半径(小于3mm)急弯,通常在一段很小的距离内有大于90°的弯曲。

②在矫正后,金属板上有一些明显的裂纹、撕口或有永久变形,不进行大量加热就无法矫正到碰撞前的形状。

图4-3 钢板弹性变形

(2)弯曲变形。在下列情况下,金属板发生了卷曲变形:

①受损部位和未受损部位之间的形状是平滑和连续的。

②通过拉伸可以将金属板矫正到碰撞前的状况,任何部位都不会产生永久变形。

2 车身钢板常用的修复方法

1)车身钢板的锤击法修复

车身钢板目前常用的修复方法大致有三种:手锤和顶铁配合的锤击法、焊接介子拉拔法、收缩法,本任务主要学习锤击法修复前翼子板、拉拔法修复车门面板。每种方法的适用区域见表4-1。

钢板修复的方法及使用区域　　　　　　表4-1

修理方法	手锤和顶铁配合的锤击法	焊接介子拉拔法	收缩法
适用损伤区域	内侧可触及部位	内侧不可触及部位	刚性减弱部位
范例	前翼子板;后翼子板后段;后下围板;车顶钢板中段;发动机舱盖和行李舱盖	后翼子板轮弧部位;前后车门;车门槛板;前柱、中柱、后柱;车顶钢板的前侧、后侧及两侧;发动机舱盖和行李舱盖	延展的钢板;过度使用对位敲击作业的钢板

(1)敲击原理。假如将一块平钢板置于底座上敲击,则钢板的两端将会向两边翘曲,如图4-4a)所示。当锤子表面的圆弧度大,此种翘曲的现象会愈明显。从敲击后的钢板可以了解到,表面圆弧度大的锤子在敲击后,会在钢板表面产生较明显的凹陷和较深的凹痕,因此,钢板表面会朝着凹痕的方向延伸和翘曲;反之,表面圆弧度较小的锤子在敲击后,钢板表面产生的凹痕较小甚没有凹陷,如图4-4b)所示。所以修复钢板时,通常使用表面圆弧度较小的手锤。

(2)工具。工具包括一些人们非常熟悉的普通金属加工工具和专门用于汽车车身修复的专用工具,其中钣金修复最为常用的工具是手锤和顶铁以及专用于特殊场合的各种匙形铁等。

①手锤。钣金修复用到很多不同的手锤,不少是专门为金属成形作业而制成的特殊形

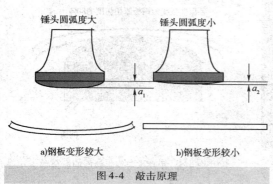

a)钢板变形较大　　b)钢板变形较小

图4-4 敲击原理

状。从各种手锤在钣金作业中的用途分类,基本可以分为初整形锤、车身钣金锤和精修锤等。

初整形锤质量比较大,主要用于矫正弯曲的基础构件、修平重规格部件和在未开始使用车身锤和顶铁之前的粗成形工作,锤面较大而且较平,适合于较大面积的修整。初整形锤的材质主要有铁质、橡胶和木质等,如图4-5所示。铁质的初整形锤是复原损毁的

较重金属构件必需的工具,质量较大且配以较短的把柄,可在比较紧凑的地方使用。橡胶锤和木锤由于质地较软,多用于柔和地敲击较薄的钢板,不会引起表面的进一步损伤,适用于薄钢板上较大面积的损伤初步修复。有些木锤的形状被制造成锥台形,大头为纯木质,作用与橡胶锤相同,小头为木质的锤芯外包铁箍,由于接触面积较小且质量轻的钢板,也适用于金属薄板的精整形。

车身钣金锤是用于连续敲打钣金件以恢复其形状的基本工具,用于初步整形之后的精整形阶段。它有许多种不同的设计,头部有扁头、尖头、圆头等多种形式,适用于各种用途,如图4-6所示。锤头部基本都是圆形且底部中央突起而四周略低,这有利于将力量集中于高点或隆起变形波峰的顶端。车身钣金锤的质量要比初整形锤小很多,这有利于进行精度较高的整形修复工作,同时对周围的二次损伤也较小。

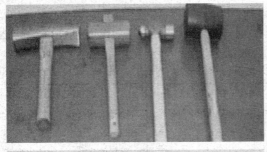

图4-5 初整形锤

图4-6 车身钣金锤

②顶铁和匙形铁。顶铁是配合手锤进行钣金整形的常用工具,它的作用相当于一个小的铁砧,用手握持顶在需要用锤敲击的金属背面。用手锤和顶铁一起作业,目的是使凸起的部位下降,使凹陷的部位提升。顶铁有许多不同的形状,各个面的曲率也不同,分别用于特定的凹陷形式和车身板件的外形。图4-7为常用的各种顶铁。

在选用顶铁时,顶铁使用面的曲率与面板外形的配合非常重要,假如在高隆起的表面使用了低曲率的顶铁,在加工中会造成更大的凹陷。所以在选用顶铁时要把握一定的原则,即使用隆起弧面略高于需要修整板件的隆起弧面的顶铁,随着板件的修整,其外观逐渐得到恢复,要不断调整和更换不同隆起弧面的顶铁。如图4-8所示,顶铁平面端不可置于钢板的弧度面,因为顶铁的尖端会在钢板面留下伤痕,一般建议顶铁表面的圆弧度约为钢板原始弧度的80%。

图4-7 常用的各种顶铁

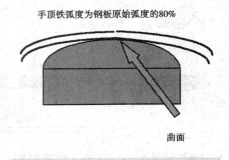

图4-8 手顶铁与钢板弧面的配合

匙形铁是另一种钣金修理工具，它有时可以用来当手锤使用，利用其宽大的平面将变形较大的薄板类构件拍平；有时可以当做顶铁使用，垫在需要整形的金属板背面，正面用轻整形锤敲击恢复板件形状；更多的时候是用匙形铁深入到用手不能触及的地方撬起凹陷的金属，所以，匙形铁也称为撬板、拍板或修平刀，如图4-9所示。

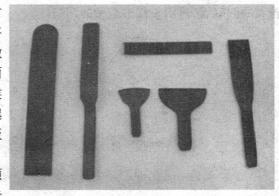

图4-9　匙形铁

（3）手锤和顶铁的握持方式。手锤和顶铁的握持方式如图4-10和图4-11所示，锤击方式如图4-12所示。正确握持和敲击将在钢板表面留下平整的修复痕迹，否则会留下不均匀的修复痕迹，如图4-13所示。敲击时，不要用力过猛，因为很少的几次猛烈敲击对金属造成的延展比多次轻微敲击对金属造成的延展还要多。

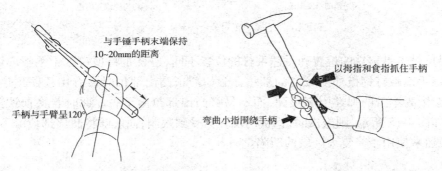

图4-10　手锤的握持方式

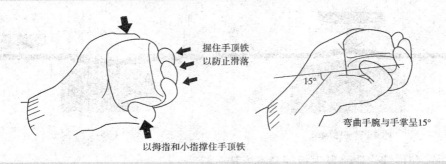

图4-11　顶铁的握持方式

（4）手锤和顶铁的敲击技巧。使用手锤与顶铁修复钢板可分为两种基本技巧：一种是对位敲击（又称实敲或正托法），另一种是错位敲击（又称虚敲或偏托法）。在修复作业中，有经验的钣金维修人员会根据钢板的损伤情况交替使用上述两种敲击技巧。

①对位敲击是顶铁的位置和手锤敲打的位置相同，也就是将顶铁置于钢板凸出部位的内侧，然后使用手锤敲打凸出部位，如图4-14所示。一般对位敲击是在使用错位敲击修正

较大的凹陷后,再用来修整细微的凹陷。

图 4-12 锤击方式

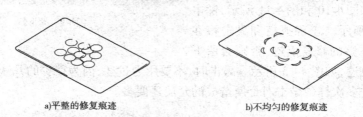

图 4-13 敲击后钢板表面留下的修复痕迹

②错位敲击是顶铁的位置和手锤敲打的位置不同,也就是将顶铁置于钢板内侧较低的部位,而以手锤敲打钢板外侧较高的部位。假如敲击凸出部位时没有用顶铁顶住,则敲击时,钢板会因为本身的弹性引起反弹,而不易将凸出部位敲下去。此时若将顶铁置于钢板凸起侧,如图 4-15 所示,则敲击时,钢板的反弹会受到限制,而能够将凸出部位敲下去,所以错位敲击通常使用于修复大区域的凹陷。

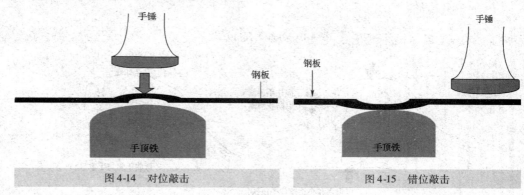

图 4-14 对位敲击　　　　　　图 4-15 错位敲击

(5) 手锤和顶铁作业修复钢板的基本方法

根据前面的分析,钢板损伤有弹性变形和塑性变形之区分,塑性变形才是真正的损伤,如果不注意区分,对弹性变形进行了锤击等作业,会造成钢板新的损伤,影响了钢板的修复质量。所以应先修复尖利曲面塑性变形,再修复微小曲面塑性变形。修复大面积凹陷的基本步骤如图 4-16 所示,最后小凹陷采用对位敲击成形。

2) 拉拔法修复钢板

(1) 拉拔法修复钢板的原理。由于现代车身的结构日趋复杂,许多车身板件都由于受到焊接在一起的内部板件和车窗等结构的限制在维修时难以触及它们的内部；或是因为损伤比较轻微且只局限于金属外板，内板没有损伤，如果拆卸内板或拆卸相关构件进行维修，对于车身维修来讲，工作量会无形之中加大很多，工作效率大大降低。因此，车身维修中还使用另一种方法专门用于上述的情况，即将凹陷的金属用拉拔的方法抬高，在拉拔的同时，用钣金锤对高点进行敲击。这种方法有些类似于手锤和顶铁的错位敲击，如图 4-17 所示。

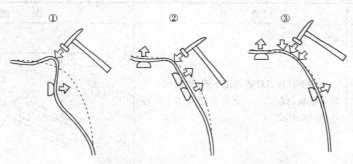

图 4-16　修复大面积凹陷的基本步骤

（2）拉拔的方法。将凹陷的金属拉拔出来的方法有很多，过去通常使用的方法是在需要抬高的金属凹陷最低处用钻钻出一个小孔，然后钩住小孔周围的金属用手向外拉拽，同时轻敲凹陷周围隆起的金属。

采用打孔的方法进行拉伸虽然比较有效，但整形后留下大量的孔，这些孔需要用焊接的方法进行填补，不易进行操作，既浪费时间，又可能造成更大的损伤，因此，现在已经不推荐使用这种方法。目前通过焊接垫圈并采用惯性锤拉拽的方法进行矫正，不论车身结构如何，都可以通过点焊将垫圈等拉拽介质固定于其上，避免了在车身上打孔，排除了潜在的腐蚀危险，应用非常广泛。如图 4-18 所示，垫圈焊接机为电阻焊的一种，其原理是利用夹于电极上的垫圈和钢板接触，再通以大电流，使其产生电阻热而将垫圈焊接于钢板上。在图 4-18 的回路中，电阻最大的部位位于垫圈和钢板的接触部位。当电流通过电阻最大部位时，因为高电阻消耗电能而产生高热能。

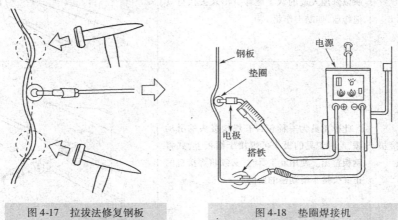

图 4-17　拉拔法修复钢板　　　　图 4-18　垫圈焊接机

现在有很多车身维修设备制造厂商还专门针对车身板件的拉拔操作设计、开发、制造了多功能的车身整形机,俗称介子机,集焊接介子(供拉拽用的介质)、拉拽操作、单面点焊、电加热收火等功能于一体,给车身的整形带来了方便。介子机可以焊接的拉拔介子有很多,常用的有普通垫圈、小螺钉和销钉等,可以根据惯性锤的头部结构更换不同的介子。

目前拉拔的方法可以分为四种,如表4-2所示。

拉 拔 的 方 法 表4-2

方法	说 明	图 例
使用手拉拔器拉拔	使用手拉拔器拉拔焊接垫圈,然后用手锤敲击钢板凸起部位。此种方法适用于修理小的凹陷部位	
使用滑动锤拉拔	利用滑动锤的冲击力拉出焊接的垫圈,来修理凹陷。此种方法适用于粗拉拔和在钢板强度高的部位修理凹陷	
使用拉塔拉拔	此种方法用于修理大的凹陷,将众多的垫圈焊接于钢板上,并且用较大的力量将垫圈一起拉出;此外链条能够维持拉拔的力量,所以修理人员的双手能够空出来去执行其他作业,如敲击作业	
使用具有焊接极头的滑动锤拉拔	此种工具为一种包含有焊接极头的滑动锤,此种工具的极头可焊接于钢板上,并将钢板拉出。使用此工具时,必须将焊接机的正极头接于滑动锤的后侧	

具体修复时,首先应认真研究损伤部位,确定出最初发生碰撞的位置和方向,然后沿着最初形成的凹陷,以10mm左右的间距焊接垫圈,从凹陷最低处逐渐将凹槽拉出,拉伸的同时不断敲击拉拔处周围的高点。采用这种方法,不要一次就将凹陷的位置恢复到位,有时需要反复几次才可以达到理想的矫正效果。对于第一个拉拔的部位尤其要注意,只能向上稍稍拉出一点,接着再拉下一个位置。这样做的原因:一是凹陷最低的地方加工硬化程度高,拉伸作用力又过于集中,力量过大可能会引起撕裂;二是随着周围金属的不断提升,凹陷中心部位也会不断升高,若一次升高过多,可能修整完毕后凹陷的中心点反而成了鼓起的点,又需要反过来进行矫正,给修复带来麻烦。

需要说明的是,采用拉拔方法修整的表面没有用手锤和顶铁修整的表面那样光滑,必须填充原子灰进行表面整形,有的时候还要用收火的方法对额外延展的金属进行收缩。

(3)钢板缩火。金属上某一处受到过度敲击以后,金属的晶粒将互相远离,金属板变薄,金属板表现出的外部特征就是金属板延展、刚性减弱,甚至用手指头压下钢板即可产生凹陷。此时,可以采用收缩的方法将金属离子拉回到其原来的位置上,使金属恢复到应有的形状和强度。收缩的目的是提高金属的抗拉强度。

①钢板缩火的原理。一根两端能自由膨胀与收缩的钢棒加热后会产生膨胀,且冷却后会收缩恢复至原始尺寸。如果是同样的钢棒将其两端固定,再进行加热,然后冷却,则钢棒的长度会缩短。

对于钢板,缩火原理与钢棒相同。将钢板某一部位急速加热,随着温度的上升,钢板的加热部位会朝着加热区域的边缘向外膨胀,但其周围为未加热的冷、硬钢板,所以会限制钢板的膨胀,因此产生强大的压缩应力。若继续加热,则膨胀会集中于松软的红热部位,压缩应力集中在红热部位并随红热部位直径的增大而释放,因此消除了压缩应力。若此状态下将红热部位急速冷却,钢板冷却时由于收缩产生张力,从而加强了钢板的抗拉强度,如图4-19所示。

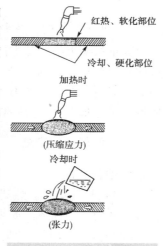

图4-19 缩火原理

②钢板缩火的加热方法。

a. 火焰加热。火焰加热时用氧乙炔的中性焰,使用1号或2号焊嘴。焰心到金属的距离应稳定控制在4mm,直到金属开始发红(约500℃)时,再缓慢地沿圆周向外移动,直到整个受热部位都变成鲜红色(约800℃)。超过鲜红色,金属会熔化、烧穿。收缩和加热范围应由收缩部位剩余金属的数量来决定,一般的收缩加热范围为直径15mm左右。加热的范围越大,热量越难以控制。

b. 电热法。使用氧乙炔焊的焰炬加热收缩方法应用普遍,操作也比较简单,但也有一定的局限。对某些高强度钢板进行收缩时,加热的范围不易把握,因为收缩时加热的温度必须达到金属软化的程度,所以加热时沿板件向周围传递的热量会比较多,会引起更大范围的强度弱化。另外,在有些不宜采用明火的地方也不能使用氧乙炔焰炬。因此开发了其他的加热收缩工具,如利用介子机接触电阻生热的收火方法也得到了广泛的应用,如图4-20所示。

电加热收火是介子机的常用功能之一,其工作原理也是利用导电介质与钢板接触时产生的电阻热来加热钢板的。电加热采用的导电介质有铜极和炭棒两种,铜极有一个圆球头,端部接触面积较小,直径通常为5~8mm,适合于较小点的收缩操作;炭棒的直径以8~10mm居多,使用时需要将端部磨削成较尖锐的圆头,在钢板上画螺旋纹来控制加热的面积,如图4-21所示。两种导电介质导电的性能都很优良,产生的电阻热都集中在钢板上,加热集中且快速,收缩效果良好,更主要的是这两种介质都不会因为与钢板发生接触而粘连。

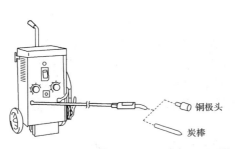

图4-20 使用介子机缩火　　　　　图4-21 铜极缩火和炭棒缩火

③钢板缩火的冷却方法。冷却方式有风冷和水冷之分。前者的冷却速度稍慢,故收缩量比水冷要小一些;后者为急冷,金属的收缩量相对较大。对加热部位的急剧冷却,还会在四周形成更大向心拉伸力。冷却方式需要依变形程度和膨胀状态的不同而定。但无论采取哪一种冷却方式,加热时间要短,以减少对周围金属的热影响。

3　塑料件的修复

1) 塑料的种类

(1) 热塑性塑料。热塑性塑料在受热时,随着温度的升高,会逐渐软化;但当冷却时,塑料会重新硬化为固体。如果再加热,它又可以软化。

(2) 热固性塑料。热固性塑料受热时,起初的软化具有一定的可塑性,但随着加热的进行,最终产生硬化。硬化后如果再加热,它就不会再软化了,多用于制作一次性成形不需修复的零件。

一般来说,热固性塑料损伤后不宜进行修理,应进行更换,通常需要修理的是热塑性塑料。表4-3给出了汽车常用塑料件的名称及应用。

汽车常用塑料件的名称及应用　　　　　　　　　表4-3

ISO识别码	化学名称	应用举例	属性
AAS	丙烯腈-苯乙烯	—	热塑性
ABS	丙烯腈-丁二烯-苯乙烯共聚物	车身板、仪表板、护栅、前照灯外罩	热塑性
ABS/MAT	玻璃纤维强化硬质丙烯腈-丁二烯-苯乙烯共聚物	车身板	热固性

续上表

ISO 识别码	化学名称	应用举例	属性
ABS/PVC	丙烯腈-丁二烯-苯乙烯共聚物/聚氯乙烯	—	热塑性
EP	环氧树脂	玻璃钢车身板	热固性
EPDM	乙烯-丙烯二烯共聚物	保险杠冲击条、车身板	热固性
PA	聚酰胺	外部装饰板	热固性
PC	聚碳酸酯	护栅、仪表板、灯罩	热塑性
PPO	聚苯撑氧	镀铬塑料件、护栅、前照灯外罩、仪表前板、装饰件	热固性
PE	聚乙烯	内翼子板、内衬板、帷幔板、阻流板	热塑性
PP	聚丙烯	内饰件、内衬板、内翼子板、散热器、挡风帘、仪表板、保险杠、面罩	热塑性
PS	聚苯乙烯	—	热塑性
PUR	聚氨酯	保险杠面罩、前后车身板、填板	热固性
TPUP	热塑性聚氨酯	保险杠面罩、防石板、填板、软质仪表前板	热塑性
PVC	聚氯乙烯	内衬板、软质填板	热塑性
RIM	反应注模聚氨酯	保险杠面罩	热固性
RRIM	强化反应注模聚氨酯	外车身板	热固性
SAN	苯乙烯-苯烯腈	内衬板	热固性
TPR	热塑橡胶	帷幔板	热固性
UP	聚酯	玻璃钢车身板	热固性

2）塑料的识别

（1）查看压制在塑料上的国际标准符号，即 ISO 代码。一般情况是在将零件拆下以后才能看到所标的 ISO 代码。现在越来越多的工厂都在使用这种代码，不过还有一些工厂并没有使用。

（2）对于没有标注国际标准符号的零件，必须查阅车身维修手册，手册中一般都标出了每个塑料件所用的材料。但是，车身维修手册经常更新，一般每年两次，因而对于新型汽车，应注意查阅最新版本的车身维修手册。

（3）燃烧鉴别法现在不提倡使用，因为在修理车间内使用明火有发生火灾的危险，同时也污染环境。另外，对于目前广泛使用的含有多种成分的复合塑料，燃烧法根本无法鉴别。

（4）塑料的试焊鉴别法是鉴别材料不明的塑料的可靠方法。即用几种塑料焊条，在零件的隐蔽或损伤部位进行试焊，能与之焊合的那种焊条即是所需的塑料。现在常用的塑料焊条只有 6 种左右，所以可能性的范围不大，且不同焊条的颜色也不一样，一旦找出能与塑料件焊合的焊条，塑料件的材料也就鉴别出来了。

3）加热恢复塑料件形状

许多弯曲、拉伸或其他变形的塑料件常常可以用加热的方法进行矫正,这是因为塑料有记忆特性,也就是说,塑料件有保持或恢复至原来形状的特性。如果塑料件有轻微的弯曲或其他变形,对它进行加热就可以使其恢复到原来的形状。

按以下程序可以将变形的保险杠恢复原形：

（1）用热肥皂水清洗保险杠表面。

（2）用塑料清洁剂进行清洗,除去油脂等杂质。

（3）用浸水的抹布或海绵浸湿维修区域。

（4）直接加热变形部位。使用集中热源,如加热灯、高温加热喷枪。当保险杠另一侧摸起来烫手时,说明已经加热得差不多。此时用与保险杠表面形状相似的工具将保险杠压回原形,并固定。

（5）用抹布或海绵浸上冷水快速冷却维修区域。

4）塑料件粘接

（1）粘接件表面处理方法。针对不同的塑料类型,可从下列的表面处理方法中选择一种或多种并用：

①对粘接部位进行脱蜡、脱脂处理。将具有脱蜡、脱脂功能的溶剂（塑料清洁剂）浸湿在布上对粘接部位进行擦拭,彻底清除粘接部位上的污物。

②对于裂纹、穿孔部位的粘接,应该使用粗砂轮(36号)打磨坡口,增大粘接面积,同时粗糙的表面也有利于粘接。如果在打磨时出现滑腻现象（表面熔化而变的光滑）,可涂粘接促进剂（可将光滑的塑料表面刻蚀成多孔结构或对塑料表面进行火化改性——对塑料表面的化学处理）。

③对需要粘接的部位进行火焰处理。采用富氧火焰,如汽油喷灯、煤气氧化焰、气焊中的氧化焰等烧烤塑料表面,通过表面氧化降解反应达到表面改性和活化的目的;另外,火焰产生的热量可消除塑料的内应力。

（2）黏结材料。有两种黏结剂可供选用,一种是氰基丙烯酸酯黏结剂,一种是双组分黏结剂。

氰基丙烯酸酯黏结剂有时称为超级胶,一般不推荐使用,因为其主要的缺点是禁不起日晒雨淋,因而不能保证修理件耐用。

双组分黏结剂有环氧树脂和氨基甲酸乙酯两种,所谓双组分是指由主料和固化剂混合均匀才能使用的黏结剂。平时主料和固化剂在使用前分别装在两个管中,使用时再按比例混合均匀（混合比例一般为1:1）。

无论使用何种黏结剂都应注意以下问题：

①制造厂商提供的黏结剂产品系列通常包含两种或更多的类型,适用于不同的塑料种类。

②产品系列通常包括黏结促进剂、填料及软涂料。

③有些产品系列是为特定基体材料进行配制的,使用前应查阅相关的说明书。

④在产品系列中可能有适合各种塑料的软填料,也可能为不同的塑料提供两种或更多的填料。

5）塑料件焊接

塑料件焊接是利用热源和塑料焊条连接或维修塑料件。塑料件的焊接和金属的焊接有相似之处，两者都使用热源、焊条和类似的技术。

（1）热空气焊接原理及设备。塑料焊接主要采用热空气焊接法。焊接时，一般都使用热空气焊炬（热吹风机），典型热空气塑料焊炬如图4-22所示。热空气焊炬采用一个陶瓷或不锈钢电热元件来产生热风，热风的温度为230～340℃，热风通过喷嘴吹到焊件及焊条上，加热塑料接缝，使其软化，同时将加热的塑料棒压入接缝即可。在焊接过程中，塑料的焊接收缩量较金属大，所以在焊接下料时应多留焊接余量。

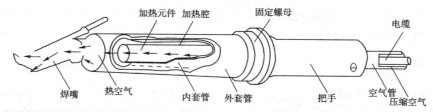

图4-22 典型热空气塑料焊炬

焊接时，可根据需要选择不同的焊嘴：

①定位焊嘴。主要用于断裂板件或长的焊缝在真正焊接前的定位焊。进行定位焊时，必须将断口对准、固定，不使用焊条，而是将喷嘴头压紧在断口底部，使两侧板件同时熔化形成定位焊点。必要时还可断开重新进行定位。

②圆形焊嘴。焊接速度较慢，比较适合小型件和复杂件上短焊缝的焊接，尤其适合焊填小的孔洞以及尖角部位和难以靠近部位的焊接。

③加速焊嘴。主要用于长而直的焊缝。加速焊嘴夹持着焊条，并对焊条和焊件进行预热。一旦开始焊接，焊条自动进入预热管，由焊嘴端部的尖形加压掌（导门板）向焊条施加压力，所以用一只手就可完成操作，热量和压力均衡，而且焊缝更加均匀一致，焊接速度也提高很多，平均速度可达1000mm/min。

（2）热空气塑料焊机的使用。不同的设备制造商提供的热空气塑料焊机不会完全相同，因此关于焊机调整、停机、使用程序最好查看设备制造商的使用说明书，下面给出的是一般的使用规则：

①选择和安装焊嘴。根据需要选择好焊嘴，并将焊嘴安装到焊机上。

②接通气源。将气源、压力调节器及软管与焊机连接，初始压力应根据焊机的功率而定或参考制造商的说明书。

③通电预热。在推荐的气压下预热焊机，切记在气体流动的状态下预热焊机，否则可能烧坏焊机。

④示温及调整。将一个温度计放在距焊枪末端约6mm处检查焊枪的温度。热塑性塑料的焊接温度一般为204～399℃，如果温度过高，可加大空气流量（或压力），直至温度降到要求值；如果温度过低，可降低空气压力。

⑤焊接结束后，先断电源，利用流动的冷空气对焊枪进行冷却，待焊枪能用手触摸时，再行断气。如果操作顺序错误，将会损伤焊枪。

(3)焊接方法。在进行塑料焊接时,为了产生良好的连接效果,要将焊条压到接缝内,需要利用热量和压力的共同作用。一般情况下,要用一只手压住焊条,同时用焊炬进行加热,并不停地扇动,如图4-23所示。

(4)焊接要点。

①塑料焊条的选用。塑料焊条通常采用颜色编码表示,但各制造厂的编码不同,使用时应参阅制造厂提供的技术资料。如果没有成品焊条,可从同类型报废的塑料件上割下一条作为焊条。

②选择焊缝形式。为了达到预定的焊接强度,应根据塑料板件的厚度打好坡口。焊缝形式一般为V形或X形,较薄的板件开V形坡口,较厚的板件开X形坡口。对于较深的坡口,需多次焊接,如图4-24所示。

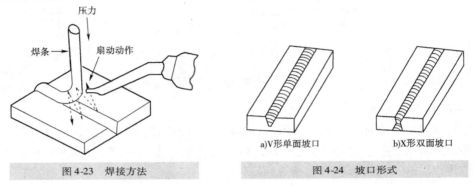

图4-23 焊接方法　　　　　　图4-24 坡口形式

③焊接前,要清理干净焊接处的打磨残屑及灰尘等。

④控制好焊接温度。若温度过高会使塑料烧焦或扭曲,焊接温度过低则会使焊接强度降低。

⑤掌握正确的焊接速度。若焊接的速度过快,会使塑料的熔融程度不足而降低焊接强度。但焊接的速度若过慢,也会使塑料变形甚至烧焦。

⑥给焊条施加合适的压力。若压力过大,会使焊缝变宽且扭曲或在焊条未达到熔融程度就已嵌入焊缝,造成焊接不牢固。但压力过小有会使焊缝的接触面积变小,焊接强度降低。

4　底材处理

1)打磨羽状边

对于修复好外形的钣金件,下面就要进行喷漆作业。为了增加原子灰的附着力,打磨修复区域的旧漆膜,将其研磨成圆形或椭圆形。为了消除在喷涂作业后产生原子灰痕,需将已磨除旧漆膜的边缘研磨成平缓的斜度,即打磨羽状边,如图4-25所示。

2)贴护

贴护工作是在实施喷涂之前所进行的重要工作,即用遮盖材料将所有不需喷涂的部位或部件进行遮蔽,防止喷涂过程中的污染,有时也用遮盖的方法对施工区域进行隔离以便操作,例如,在打磨时对无需打磨的区域进行遮盖可以防止对车身其他部位的损伤等,如图4-26所示。

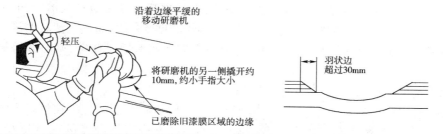

图4-25 打磨羽状边

贴护所用的遮盖材料主要有遮盖纸、塑料膜、防护带(胶带)以及各种防护罩等,各涂装设备生产厂商都有相应的产品可供选择,但不可使用普通纸张、胶带等代替。

贴护应该注意以下几个方面:

①不要将防护带粘贴在需要喷涂的区域;
②贴护时不能将防护带粘贴在肮脏、潮湿及其他未清洁的表面上;
③防护带不能粘贴在密封橡胶上;
④贴护时应尽量压紧防护带的边缘;
⑤贴护中遇到曲面时,可将防护带的内侧弯曲或重叠。

3)底漆喷涂

在旧涂层修补喷涂底漆时,要选用与原涂层无冲突的底漆。在喷涂底漆层之前,先将需要喷涂的区域用清洁剂清洁干净,去除油污、蜡质及灰尘,经适当遮盖后进行喷涂。底漆层的喷涂膜厚可根据情况掌握,一般情况下,如果底漆层上还要喷涂中涂层,则可将底漆喷涂得薄一些,只要能够达到防腐和提高黏附能力的目的就可以了;如果在底漆层上直接进行面漆的喷涂,则需要将底漆喷涂得厚一些,根据不同的要求可以进行打磨。总的喷涂膜厚以不超过 $50\mu m$ 为宜,如图4-27所示。具体步骤如下:

图4-26 贴护

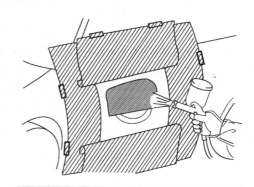

图4-27 施涂底漆

①遮蔽有裸露金属的区域的周围表面;
②按制造商的指示,混合适当的固化剂和稀释剂;
③喷涂一薄层底漆;
④让涂层空气干燥大约 10min;
⑤在喷涂以后除去遮蔽材料。

在喷涂塑料件时,需要使用专用的塑料底漆,首先用塑料专用清洁剂清洁塑料件表面,然后用1.7~1.9mm口径的喷枪喷涂1到2遍,间隔时间5~10min。在塑料底漆未干燥时直接喷涂中涂层或面漆其黏附效果会更好,但如果需要刮涂原子灰等,则必须等原子灰完全干燥。

4) 原子灰(腻子、填充剂)的施涂(图4-28)

图4-28 施涂原子灰

(1) 原子灰的调配。在进行原子灰的施涂时,首先将需要施涂的区域进行打磨、清洁,然后将原子灰按使用手册标明的比例正确混合固化剂。聚酯原子灰通常使用过氧化物固化剂,其添加比例要严格遵照使用说明,不可随意增加或减少,而且混合一定要均匀。固化剂添加过量,虽然可以促进干燥,但剩余的过氧化物会使其上面的涂层发生氧化反应,引起面漆的脱色等;添加量过少会引起原子灰层干燥不彻底,在喷涂时出现咬底等现象。原子灰的颜色通常为灰白色或淡黄色,但固化剂的颜色通常为鲜艳的红色或黄色,在调配时,两种颜色均匀地混合后即可进行刮涂施工。

原子灰混合固化剂后其活化寿命很短,只有5~7min左右(常温),在温度较高的季节,可施工时间会进一步缩短。所以,原子灰的调配和施工速度要快一些,应在其活化时间内尽快施工完毕。在寒冷的季节(气温低于5℃时),原子灰和固化剂的反应将会减慢或停止,造成原子灰层不易干燥,所以应采用升高施工场所温度的方法来促进固化,或用红外线烤灯进行加热,但烘烤温度不可超过50℃,加热温度太高会使原子灰在干燥时产生应力,容易造成开裂、脱落等。

(2) 原子灰刮涂。施涂原子灰时,用两把铲刀,一把用来放混合好的原子灰,另一把用来施涂,施涂时将原子灰刮在施涂区域。对于需要填补较厚原子灰的区域可以分几次进行填补,第一遍施涂的原子灰要薄,并用铲刀尽量压实、刮平,以防止有气孔或填充不实的情况产生。第一层干燥后,可以直接刮涂第二遍,施涂的面积比第一遍稍大,施涂过程中同样要压实、刮平,在需要填补区域的两端部位压得要紧一些,以获得薄而且平的效果;在需要填补区域的中间部位用力稍稍减小,以获得良好的填补效果。如需要进行更多次的刮涂,方法同上。如果上一次刮涂的不平整,可以等干燥后稍稍打磨并清洁后再继续刮涂,直到填平。

(3) 原子灰打磨。原子灰的干磨可以使用P240~P360号干磨砂纸配合φ7偏心振动打磨头来进行,打磨效果很好。但使用过粗的砂纸或运动轨迹过大的打磨头会留下明显的砂纸痕迹,影响上面涂层的平整程度。打磨时,应使原子灰涂层与原涂层以羽状边接合,不可留有台阶等填补痕迹。经过打磨后的涂层有时会存在小坑、小孔等缺陷,可以使用填眼灰进行填补,然后再进行下一步的喷涂。

5) 中涂漆层

(1) 中涂的作用。中涂漆层是在底漆层与面漆层之间的涂层,也称做"中涂底漆"、"二道底漆"等，俗称"二道浆"。中涂漆层的主要作用有以下几个方面：

①增加面漆层与其下面涂层的附着力。

②填充微小的划痕、小坑等，提高漆面平整度。

③起到隔离封闭作用，防止渗色发生。

④保证面漆涂层具有一定的弹性、韧性，提高面漆的丰满程度。

中涂漆都比较黏稠，涂膜也要厚一些，一道喷涂通常可以达到 30~50μm。中涂漆多为灰色或白色等易于被遮盖的颜色，但有的涂料公司也专门开发了可调色中涂漆，用于进一步提高面漆的遮盖力和装饰性。中涂漆在选用时要与底漆、原子灰或旧涂层的类型相匹配，否则会出现咬底、起皮的现象，如图 4-29 所示。

（2）中涂喷涂。中涂漆在调配以前需要经过较长时间的搅拌，因为其中的填料成分很多，沉淀比较严重，如不经过充分的搅拌就进行调配，容易造成涂膜过薄，使填充能力变差。现在常用的中涂漆多为双组分，在调配时需要严格按照说明添加固化剂和稀释剂，不可随意改变添加量或以其他品牌的类似产品代替。调配好的涂料应在时效期内尽快使用。

在喷涂中涂以前要对施喷件进行必要的清洁处理，如前面所述，用清洁剂首先进行清洁，喷涂之前还要用粘尘布轻轻擦拭喷涂表面。由于中涂漆的施工黏度比较大，所以应选用口径大些的喷枪。以环保型喷枪为例，若使用上罐喷枪宜选用 1.7~1.9mm 的喷嘴口径；下罐喷枪选用 2.3~2.5mm 口径为好。中涂漆一般要喷涂 2 道，每道间隔时间 5~10min（常温），全部喷涂完毕后，静置 5~10min，然后按照产品的

图 4-29　起皮

说明加温到适当温度并保持足够的时间，待完全干固后就可进行打磨处理。

（3）中涂打磨。中涂层的打磨一般使用 P400~P600 号干磨砂纸配合 φ3mm 偏心振动打磨头进行，或使用 P800 号水磨砂纸水磨。中涂层要打磨得非常光滑，表面不得留有粗糙的砂纸痕迹或其他的小坑或凸起等，因为中涂层上要喷涂的是整个涂层最关键的面漆层，任何微小的瑕疵都可能会影响到整个涂层的装饰性等方面，所以要格外仔细。使用打磨指导层对最后的打磨工作会有很大的帮助。

5　面漆喷涂

在底涂层喷涂并进行打磨修整之后就可以进行面漆的涂装了。底漆、原子灰等对车身底材起修饰和防腐保护作用；中涂可以填平底漆或原子灰等表面的微小瑕疵，并可以衬托面漆涂层，使得面漆涂层显得更加丰满；涂装表面的光泽度、鲜映性和良好的装饰性等都由面漆层来提供，整个涂装工作的好坏都由面漆来体现，因此面漆喷涂是整个涂装工作最关键的工序。

1）喷涂表面的准备

由于面漆的喷涂十分关键，所以在喷涂前要认真检查底涂层（中涂层以下），不能带有任何的瑕疵，因为这些微小的瑕疵在面漆喷涂完之后，会在面漆光泽度的影响下变得非常

明显。喷涂面漆的准备工作包括以下几项：

①底漆层或中涂层要进行完全打磨。用 P400 号或更细一些的干磨砂纸将底漆或中涂漆打磨到表面光滑的程度，底漆或面漆打磨得越光滑，面漆涂层的平整和光亮程度越好。

②若底涂层上有划痕、小凹坑等必须用原子灰进行填补的区域，应选用填眼灰或极细的细灰进行填补，并在干燥后打磨。若用原子灰填补的面积比较大，为防止原子灰对面漆的吸收作用，必须用中涂漆进行封闭。

③如果在打磨时不小心将底层磨穿而露出了金属底，因为金属底是平整的，所以不必刮涂原子灰，但需薄喷一层环氧底漆以保证底材的防腐能力。

④对不需要喷涂的部位进行适当的遮盖，防止面漆的漆雾落到车身其他的部位。

⑤在将要喷涂之前，用清洁剂清洁喷涂表面上可能留有的油渍、汗渍和蜡点等。为保证干净，最好连续清洁两遍。然后用粘尘布擦拭喷涂表面，使喷涂表面不留有灰尘颗粒。

⑥清洁工作应在喷漆房内进行，清洁完毕后要最好马上进行喷涂工作，防止二次污染。

2）面漆的准备

已经准备好的面漆在喷涂以前必须经过充分搅拌，使各种颜料和添加剂充分地混合均匀，这是保证面漆涂膜质量很重要的工作。

搅拌油漆一般使用经面漆稀释剂清洗干净的搅拌尺或玻璃棒，不可随便使用木棒、改锥等。木棒会给涂料中带来木屑和其他灰尘等，造成涂膜缺陷；改锥上会有油脂等，混合在涂料中可能引起涂膜有鱼眼等缺陷。

3）喷涂温度

喷漆间的环境温度一般以 20～25℃ 最为合适，在寒冷的冬季，由于外界气温比较低，开动循环风后，进入喷漆间内的多为寒冷空气，使环境温度变得更低，此时需要提高喷漆间的温度。常见的喷烤漆房都有对循环风进行加热的功能，只需设定需要的温度值即可自动调整房内的气温。夏季温度比较高时房内温度与外界基本相同，此时一般通过选用干燥速度较慢的稀释剂、固化剂适当调整涂料的干燥速度来适应温度的变化。

4）面漆喷涂

（1）喷枪的调试与使用。喷枪正确的调整与使用能保证喷涂质量的一致性。雾形的好坏取决于漆滴混合的好坏，漆料应该在构件表面上形成平滑的中湿涂层，不能出现流挂。

喷涂前在一张纸上或旧车板上做喷射实验以检验喷枪的状况。为在正常条件下获得合适的雾形、漆膜湿度和气压，应做好以下三项基本调整工作：

①气压的调整。由于有摩擦阻力，空气从干燥器—调压阀—喷枪时压力有所损失，其差别取决于输气管的长度和直径。测量这一降压的方法是在软管接头和喷枪之间接一个调压阀（图 4-30），用来检查和控制喷枪压力。在喷涂时，应将喷枪的压力调到厂家的规定范围内。

②雾形的控制。用雾形控制阀控制雾形的大小。把控制阀旋钮全拧进去可得到最小的圆形喷

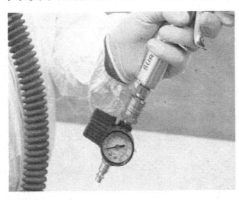

图 4-30　调压阀

束，把旋钮全拧出来得到最大的圆形喷束。如图4-31所示，显示出旋钮从最里拧到最外的雾形变化情况。

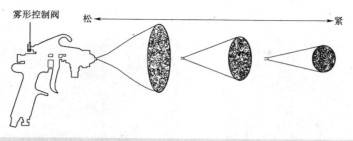

图 4-31　雾形控制

掌握好雾形。喷涂前必须在遮盖纸上测量雾形，这一点很重要。测量雾形是对喷枪的距离、气压综合性的测定。实验时，喷嘴与墙面之间喷涂距离以150～250mm为佳，把扳机扳到底后再立刻放开，喷出的漆会在试纸上留下细长形状的印迹，雾形调整如图4-32所示。然后测试雾形内油漆分布的均匀性，喷涂雾形如图4-33所示。放松气帽卡环，拧动气帽，使气帽角处在垂直的位置，这时气帽产生的雾形是水平方向。

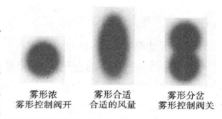

图 4-32　雾形调整

再次喷涂，这次一直扳住扳机，直到漆液开始往下流（此为淹没雾形）。检查各段流挂的长度，如果各项调整正确，各段流挂的长度近似相等；如果喷束太宽或气压太低，流挂呈分开形状，可把雾形控制阀拧紧半圈，或把气压提高0.35～0.5MPa，交替进行这两项调试，直到流挂长度均匀；如果流挂中间长、两边短，则是因喷出的漆太多，应把控制阀拧紧，并继续测试直到流挂长度均匀为止。

③流量控制。用漆流控制阀按选定雾形调整漆流量（图4-34）。控制阀拧出时，漆流量增大；控制阀拧进时，流量减小。在操作时，应按具体要求进行调整。另外，在操作时应注意：最佳喷雾压力是指能获得理想的雾化程度、流速和喷束宽度的最小压力。压力太高会

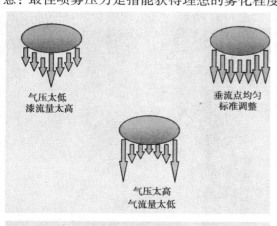

图 4-33　喷涂雾形

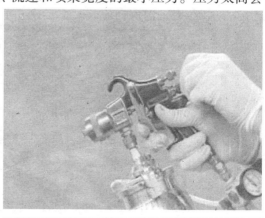

图 4-34　调整漆流量

因飞漆而浪费大量油漆,且抵达构件表面前溶剂挥发快导致油漆流动性差(图4-35);压力太低会因溶剂保留过多造成干燥性能差,漆膜容易产生起泡和流挂(图4-36)。气压值应随喷涂漆料的不同而不同。

图4-35 气压太高

图4-36 气压太低

(2)移动喷枪。在移动喷枪时,应注意以下几个方面:

①掌握好喷枪移动速度。喷枪移动速度与涂料干燥速度、环境温度、涂料的黏度有关。一般情况下移动速度约为0.9m/s。移动速度过快,会使漆膜粗糙无光,漆膜流平性差;移动过慢,会使漆膜过厚产生流挂。另外,移动速度必须均匀,否则漆膜厚薄不匀。喷涂过程中绝对不能让喷枪停住不走,否则也会产生流挂。若使用干燥较慢的涂料,可适当提高移动速度至1～1.2m/s。

②掌握好喷涂方法、路线。喷涂方法有纵行重叠法、横行重叠法和纵横交替喷涂法。喷涂顺序应从高到低、从左到右、从上到下、先里后外进行。应按计划好的行程稳定地移动喷枪,在抵达单方向行程的终点时放开扳机,然后再扳扳机,开始向反方向沿原线喷涂。在行程终点关闭喷枪可以避免出现流挂,并把飞漆减少到最低。难喷部位,如拐角或边缘处要先喷,在喷涂时要正对被喷涂部位,这样拐角或边缘处的两边各得到一半喷漆。喷枪距离要比正常距离近2.5～5.0cm,所有边缘和拐角处都喷好后,再喷水平表面。对竖直面板通常从板的最上端开始,喷嘴与上边缘平齐。喷枪第二次单方向移动的行程与第一次相反,喷嘴与第一次行程的下边缘平齐,雾形的上半部与第一次雾形的下半部重叠,重叠幅度应是第二层与上一层重叠约1/2,雾形重叠示意如图4-37所示。其余未喷涂区域的喷涂方

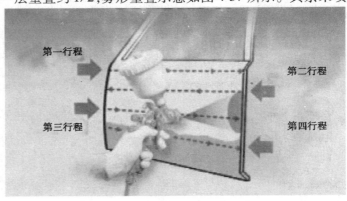

图4-37 雾形重叠示意图

法与上述一致,应一直与前次喷涂部分的"湿边"混涂,开始喷涂的搭接处选择行如果合适,可避免出现双涂层和流挂。各涂层之间要留出几分钟的闪干时间。

喷涂第一道色漆(图4-38),遮盖中涂层,查看表面是否有鱼眼存在(漆膜太厚时常会形成鱼眼,而鱼眼一旦形成就很难修复。如果鱼眼太大或太多,就要等涂料干燥之后,重新打磨方可再喷涂),并闪干10min左右。喷涂第二道色漆,漆料用量增大,喷涂面积增大,比上道工序的面积稍微宽10%~20%。这样整个面板的颜色才会均匀,闪干10min左右(如果闪干时间过短会导致垂流,如果闪干时间过长就很难形成均匀的纹理),并保证第二道色漆已经完全遮盖中涂底漆;向涂料杯内加入稀释剂,充分稀释色漆(图4-39),以调整纹理,并控制喷涂的层数,闪干10min左右后喷涂清漆。

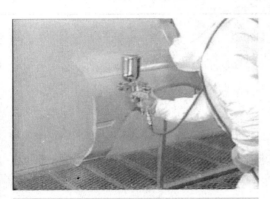
图4-38 喷涂第一道色漆

图4-39 稀释色漆

5) 清漆喷涂

在色漆喷涂位置喷涂第一道清漆,预防色漆在后期处理时出现脱落层现象,并静置挥发10min左右;喷涂第二道清漆,必须比喷涂第一道清漆的面积稍微宽10%~20%,以避免两层喷涂重叠,导致过厚的接口;检查喷涂后的漆面是否达到光滑度(无橘皮)、亮度高、漆膜厚度好等要求。

6) 干燥固化

清漆喷涂完毕后,留出一段闪干时间,再设定烤漆房的温度和时间,进行干燥固化(烘烤温度和时间都应按涂料制造商的建议来设定)。闪干时间也应参照涂料使用说明,如闪干时间过短,烘烤过程中易形成气泡。

二、任务实施

项目1 前翼子板的修复

1 项目说明

某汽车维修站接收一辆捷达轿车事故车,根据车主反映,该车左前翼子板受损。经维修人员检验,该车左前翼子板有小面积凹陷,轻微损伤。请诊断车身受损状况,并制订车身修复方法和工艺流程,在此基础上进行修复。

2 技术标准与要求

(1)每个学员独立完成此项目。

(2)技术标准(表4-4):

技术标准　　　　　　　　　　　　　　　　　　　　　　　表4-4

检测项目	技术标准	检测项目	技术标准
钢板外形	基本恢复原来形状	面漆喷涂	颜色、纹理、光泽满足要求
刚度	修复后钢板有足够刚度	油漆缺陷	无流挂、针孔、橘皮、鱼眼等缺陷
防腐防锈	垫圈焊接、缩火处的防锈处理		

3 设备器材

(1)有凹陷的前翼子板。
(2)直尺。
(3)手锤及顶铁。
(4)彩色水画笔。
(5)原子灰及固化剂。
(6)单作用研磨机。
(7)双作用研磨机。
(8)各牌号砂纸。
(9)垫圈焊接机。
(10)底漆、中涂、面漆及配套辅料。
(11)风枪。
(12)喷枪。
(13)喷漆间。
(14)电子秤。
(15)防锈剂。

4 作业准备

(1)清洁前翼子板表面。　　　　　　　　　　　　　　　　　　□ 任务完成
(2)佩戴安全防护用品:工作帽、工作服、安全鞋、棉手套、护耳器。　□ 任务完成
(3)准备作业单。　　　　　　　　　　　　　　　　　　　　　□ 任务完成

5 操作步骤

(1)判断损伤范围。判断损伤范围的方法一般可分为三种:目视判断、用手触摸判断、用直尺判断。

①目视判断是利用钢板上折射的光线来判断损伤范围和变形的程度,如图4-40所示。在此阶段检测操作区域和周围的零件是非常重要的,因为一旦实施修理之后,将很难判断

正确的损伤区域。

②用手触摸判断。从各个方向触摸损伤区域,在触摸过程中应轻柔,并且要专心注意手的感觉。为了正确判断小的凹陷,你的手必须覆盖较大的面积,亦包括未受损的区域,判断方法如图4-41所示。

图4-40　目视判断

图4-41　用手触摸判断

③用直尺判断。先将直尺置于未受损的钢板面,检测直尺与钢板面的间隙;再将直尺置于受损的区域,以判断受损区与未受损区域间隙间的差异,判断方法如图4-42所示。相对于其他方法而言,该方法更能定量地去判断损伤区域的损伤程度。

④综合运用这三种损伤判断方法,判断出前翼子板的损伤范围,并用彩色水笔画出损伤与未损伤的分界线,如图4-43所示。

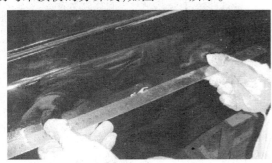
图4-42　用直尺判断

图4-43　损伤区域范围

(2) 用手锤和顶铁进行捶击修复。选择合适的手锤和顶铁,并交替使用错位敲击和对位敲击对车身钢板的变形区域进行整形,如图4-44所示。

(3) 检查钢板刚度。用大拇指按压钢板,如图4-45所示,如果能很轻易地使钢板产生凹陷,则说明钢板在锤击过程中发生了延展,刚度不够,需对钢板进行收缩;如果不能使钢板产生凹陷,则说明刚度足够,无需进行钢板收缩,直接可以打磨羽状边。

(4) 确定钢板收缩区域。用大拇指按压钢板,如果能很轻易地使钢板产生凹陷,则说明此处为收缩区域;另外,用直尺或手触摸,钢板的高点(凸点)也为收缩区域。

(5) 钢板收缩。对上一步确定的钢板收缩区域进行缩火。由于缩火区域较小,选择铜级进行缩火,具体步骤如下:

 图4-44 用手锤和顶铁锤击修复
 图4-45 检查钢板刚度

①打磨缩火区域的旧漆膜。
②在与该前翼子板材质、厚度相同的钢板上进行试缩火,确定缩火参数。
③在前翼子板上进行缩火,如图4-46所示。

(6)打磨缩火痕迹。用单作用研磨机和80号砂纸打磨缩火痕迹,注意不要磨薄金属板。

(7)打磨前翼子板损伤区域旧漆膜。用单作用研磨机和80号砂纸打磨前面画出的损伤区域的旧漆膜,形状呈圆形或椭圆形,如图4-47所示。

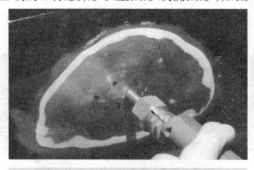 图4-46 前翼子板缩火
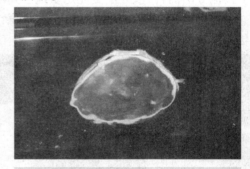 图4-47 打磨损伤区域旧漆膜

(8)背面防锈处理。在缩火区域背面喷涂防锈剂,如图4-48所示,防止钢板锈蚀。
(9)打磨羽状边。使用双作用研磨机和120号砂纸打磨出羽状边,如图4-49所示。

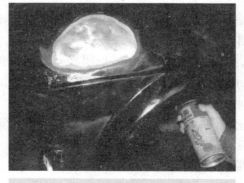 图4-48 背面防锈处理
 图4-49 打磨羽状边

(10) 除油除脂。用风枪吹除钢板上的灰尘,再用擦拭布粘除油渍,另外用一张干的擦拭布,一湿一干交替擦拭,如图4-50所示。

(11) 喷涂底漆。在金属裸露部位喷涂底漆,如图4-51所示。

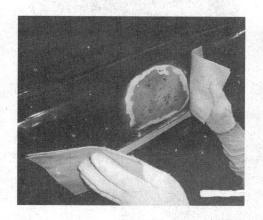

图4-50 除油除脂

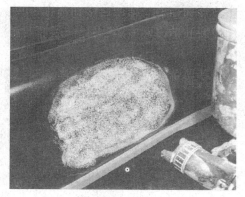

图4-51 喷涂底漆

(12) 施涂原子灰。等底漆干燥后,按100:2的比例混合原子灰和固化剂,充分混合后尽快施涂,原子灰应盖住羽状边,并多留出一点打磨余量,如图4-52所示。

(13) 打磨原子灰。等原子灰完全干燥后,使用80号~240号砂纸打磨原子灰,直至没有明显划痕,如图4-53所示。打磨后如出现针眼需重新施涂原子灰。

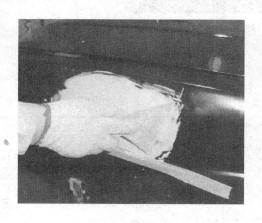

图4-52 施涂原子灰

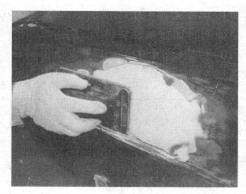

图4-53 打磨原子灰

(14) 除油除脂,参考步骤(10)。

(15) 喷涂中涂(图4-54)。

(16) 打磨中涂(图4-55)。

(17) 除油除脂,参考步骤(10)。

(18) 喷涂面漆(图4-56)。

图 4-54 喷涂中涂

图 4-55 打磨中涂

图 4-56 喷涂面漆

6 分析与记录（表 4-5）

前翼子板修复作业记录单　　　　　　　　　　　表 4-5

姓名		班级		学号		组别	
修复部件				作业单号		作业日期	
操作内容				质量效果			
判断损伤区域							
选择锤击方法							
判断钢板收缩区域							
调节钢板缩火参数							
前翼子板刚度							
前翼子板外形							
羽状边（形状、边缘平滑）							
底漆（遮盖裸金属区域）							
前翼子板背面防锈							

续上表

操作内容	质量效果
原子灰(无明显砂纸痕、无凹陷、无高点、无针孔、表面平滑、无过分伤及未损伤漆面)	
中涂(无漏底、表面光滑、无划痕)	
面漆(纹理、光泽、颜色、无流挂、针孔、鱼眼等缺陷)	
处理意见	
制订修复工艺	

项目2　车门面板的修复

1　项目说明

某汽车维修站接收一辆捷达轿车事故车,根据车主反映,该车左前车门受损。经维修人员检验,该车左前车门有小面积凹陷,轻微损伤。请诊断车身受损状况,并制订车身修复方法和工艺流程,在此基础上进行修复。

2　技术标准与要求

(1)每个学员独立完成此项目。
(2)技术标准(表4-6):

技 术 标 准　　　　　　　　　　　　　　　　　　表4-6

检测项目	技术标准	检测项目	技术标准
钢板外形	基本恢复原来形状	面漆喷涂	颜色、纹理、光泽满足要求
刚度	修复后钢板有足够刚度	油漆缺陷	无流挂、针孔、橘皮、鱼眼等缺陷
防腐防锈	垫圈焊接、缩火处的防锈处理		

3　设备器材

(1)有凹陷的前车门。
(2)直尺。
(3)手锤及顶铁。
(4)彩色水画笔。
(5)原子灰及固化剂。
(6)单作用研磨机。
(7)双作用研磨机。
(8)各牌号砂纸。
(9)垫圈焊接机。

（10）底漆、中涂、面漆及配套辅料。
（11）风枪。
（12）喷枪。
（13）喷漆间。
（14）电子秤。
（15）防锈剂。

4 作业准备

（1）清洁车门面板表面。　　　　　　　　　　　　　　　　　　　　□ 任务完成

（2）佩戴安全防护用品：工作帽、工作服、安全鞋、护目镜、口罩、棉手套、皮手套
　　　　　　　　　　　　　　　　　　　　　　　　　　　　　　　　□ 任务完成

（3）准备作业单。　　　　　　　　　　　　　　　　　　　　　　　□ 任务完成

5 操作步骤

（1）判断损伤范围。具体操作步骤参考项目1中关于判断损伤范围的内容，车门面板损伤情况如图4-57所示。

（2）磨除焊接垫圈区域旧漆膜。用打磨机磨除焊接垫圈区域的涂层，如图4-58所示。推荐使用单作用打磨机和60号砂纸。

图4-57　车门面板损伤情况
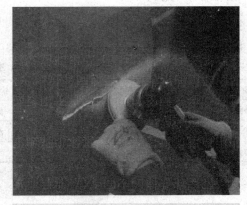
图4-58　磨除垫圈焊接区域的涂层

（3）拉拔法修理。拉拔法修理的基本流程如下所示：

对待修区域清洁并除油→在待修区域附近搭铁→工艺参数选用→试焊→调整参数→焊接垫圈→多次多点拉拔并及时消除应力→拆除垫圈→磨除焊接痕迹。

①调整车身垫圈焊接机相关参数。开始操作之前，必须研读焊机的使用手册。为了获得良好的焊接效果，在进行作业之前必须调整合适的电流和电流通过的时间间隔。应采用试焊法以获得良好的参数，如图4-59所示。

②在车门面板损伤部位焊接一排垫圈，垫圈应垂直钢板，垫圈间距约为10mm，并用铁棒穿起。如果铁棒无法穿过，则重新焊接介子并使其排成一条直线，如图4-60所示。

图 4-59 垫圈焊接试焊

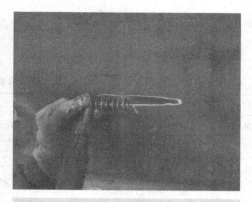
图 4-60 垫圈焊接

③将链条固定在铁棒的中间部位,然后向外拉拔并保持,如图 4-61 所示。

注意：不要用力过猛。

推荐使用拉塔进行拉拔,拉拔具体步骤如下：

a. 估算钢板原来位置。

b. 通过移动接头调整角度,以垂直于钢板面的角度拉住垫圈。

c. 从损伤部位的钢板面轻轻地向外拉出,每次拉拔量超出钢板上次拉出位置 2~3mm。

d. 当拉紧链条时,轻轻地敲下凸出部位,敲击点如图 4-62 所示。

图 4-61 拉拔

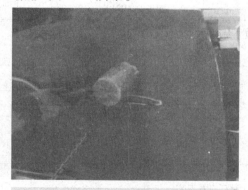
图 4-62 敲击点

e. 敲击后,确认拉拔量并视需要再次拉拔。

④通过轻轻地敲击焊接垫圈周围,释放焊接应力。

⑤车门形状基本修复后,用铁棒旋转垫圈,以便将垫圈拆卸。

（4）钢板收缩。具体操作步骤参考项目 1 中钢板收缩的内容。

（5）磨除焊接和收缩痕迹。使用单作用打磨机和 80 号砂纸,研磨表面去除易使钢板生锈的焊接和收缩痕迹。参考项目 1 中磨除焊接和收缩痕迹的内容。

（6）背面防锈处理。由于在实施介子焊接作业或钢板缩火作业时会产生热应力,因而影响钢板背面的漆层而导致容易生锈的情形,所以必须在钢板背面喷涂防锈剂。具体操作步骤参考项目 1 中背面防锈处理内容。

（7）打磨羽状边,施涂原子灰进入涂装作业。具体操作步骤参考项目 1 中涂装作业内容。

6 记录与分析（表4-7）

车门面板修复作业记录单　　　　　　　　　　　表4-7

姓名		班级		学号		组别	
修复部件				作业单号		作业日期	
操作内容				质量效果				
判断损伤区域								
调节垫圈焊接参数								
拉拔（拉拔量、敲击点）								
判断钢板收缩区域								
调节钢板缩火参数								
车门面板刚度								
车门面板外形								
羽状边（形状、边缘平滑）								
底漆（遮盖裸金属区域）								
车门面板背面防锈								
原子灰（无明显砂纸痕、无凹陷、无高点、无针孔、表面平滑、无过分伤及未损伤漆面）								
中涂（无漏底、表面光滑、无划痕）								
面漆（纹理、光泽、颜色、无流挂、针孔、鱼眼等缺陷）								
处理意见								
制订修复工艺								

项目3　保险杠焊接修复

1 项目说明

某汽车维修站接收一辆捷达轿车事故车，根据车主反映，该车后保险杠受损。经维修人员检验，该车后保险杠有小裂纹。请诊断车身受损状况，并制订车身修复方法和工艺流程，在此基础上进行修复。

2 技术标准与要求

（1）每个学员独立完成此项目。

(2)技术标准(表4-8):

技 术 标 准　　　　　　　　　　　　　　　　　　　表4-8

检测项目	技术标准	检测项目	技术标准
保险杠外形	基本恢复原来形状	面漆喷涂	颜色、纹理、光泽满足要求
刚度	修复后有足够刚度	油漆缺陷	无流挂、针孔、橘皮、鱼眼等缺陷

3　设备器材

(1)有裂纹的后保险杠。
(2)塑料焊枪。
(3)塑料焊条。
(4)CO_2保护焊机。
(5)大力钳。
(6)小刀。
(7)砂轮机。
(8)风枪。
(9)电热吹风机。
(10)塑料清洗剂。

4　作业准备

(1)清洁后保险杠表面　　　　　　　　　　　　　　　　　　　□任务完成
(2)佩戴安全防护用品:工作帽、工作服、安全鞋、护目镜、口罩、棉手套　□任务完成
(3)准备作业单　　　　　　　　　　　　　　　　　　　　　　□任务完成

5　操作步骤

对于小型塑料件、复杂形状的塑料件及焊缝不长的塑料件,不宜使用高速喷嘴进行焊接,而是使用圆形喷嘴用双手操作进行焊接,焊接程序如下所示:

(1)塑料鉴别。分清塑料件的类型,以便确定可否采用焊接和选择何种焊条。
(2)塑料如有变形,可以用红外灯或电热吹风机加热变形部位背面及其周围,然后用手将变形部位修正回原形即可,如图4-63所示。
(3)使用锋利的小刀或砂轮机在损伤部位开V形槽,坡口角度为60°左右,如焊件较厚则开X形槽,坡口宽度约6mm,如图4-64所示。
(4)用干净的布擦去坡口处的塑料碎屑,注意不要使用塑料清洁剂清理。
(5)用夹子、车身胶带或定位焊将断裂处对齐并固定好。
(6)选取最适合该类型塑料及损伤状况的焊条,可选择成品焊条或从同类型报废的塑料件上割下一条作为焊条。
(7)选择圆形喷嘴并将其安装到焊枪上。

（8）接通压缩空气，并将气压调整到焊枪规定的压力。

图4-63　加热变形部位

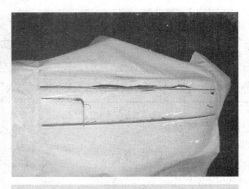

图4-64　开坡口

（9）插上电源插头，开始预热焊枪。在距喷嘴6mm处检查热空气的温度，焊接的温度范围应在204～399℃之间，如温度不在此范围，应进行调节。

（10）起焊（图4-65）。一手拿焊枪另一手持焊条，使焊条与母材呈90°夹角，摆动焊枪喷嘴以便同时加热焊条与母材，直到它们发亮、发黏，使焊条和零件熔融在一起。

（11）连续焊接。采用扇形轨迹移动喷嘴来对焊条和母材进行持续加热，以保证两者的加热程度一致，同时将焊条压入坡口以生成连续的焊缝，如图4-66所示。

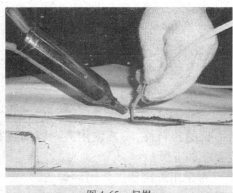

图4-65　起焊

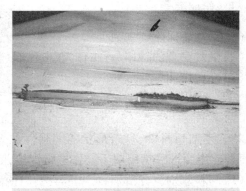

图4-66　生成焊缝

（12）完成焊接。当达到焊接末端时，静止几秒钟后移开喷嘴，继续对焊条施压并持续几秒钟。

（13）断开焊枪的电源，等待一会儿后再关闭气源。

（14）冷却焊缝。焊完后冷却硬化30min左右。

（15）打磨修整。先用锋利的刀具切割多余的塑料，再用砂轮机配合P80、P180、P240号砂纸依次进行打磨，直至达到后道工序的施工要求。

（16）进入涂装工序。具体操作步骤参考项目1中涂装工序内容。

6 记录与分析（表4-9）

保险杠焊接修复作业记录单　　　　　　　　表4-9

姓名		班级		学号		组别	
修复部件				作业单号		作业日期	
操作内容				质量效果			
判断损伤区域							
塑料鉴别							
塑料变形修复							
坡口形状							
塑料焊接（外形、刚度、焊接强度、无漏焊等）							
羽状边（形状、边缘平滑）							
原子灰（无明显砂纸痕、无凹陷、无高点、无针孔、表面平滑、无过分伤及未损伤漆面）							
中涂（无漏底、表面光滑、无划痕）							
面漆（纹理、光泽、颜色、无流挂、针孔、鱼眼等缺陷）							
处理意见							
制订修复工艺							

三、学习评价

1 理论考核

1）分析题

(1) 简述车身钢板件损伤修复的方法及流程。

(2) 简述车身塑料件损伤修复的方法及流程。

(3) 简述车身板件修复质量判断标准。

2）判断题

(1) 常用手锤和手顶铁修复后翼子板。　　　　　　　　　　　　　　（　　）

(2) 缩火的目的是提高钢板的抗拉强度。　　　　　　　　　　　　　（　　）

(3) 羽状边的作用是提高钢板的防锈能力。　　　　　　　　　　　　（　　）

(4) 从表现油漆性能上来讲，一个是否合适的雾化效果并不重要。　　（　　）

3）选择题

(1) 用手锤和手顶铁修理钢板时，为什么首先使用木锤（　　）。

　　A. 防止钢板收缩　　　　　　　　B. 防止钢板拉伸

C. 防止钢板划伤　　　　　　　　D. 防止工作时发出噪声

(2) 对钢板缩火时,哪一种方法的热变形最小(　　)。
　　A. 用氧乙炔焊机加热,空气冷却　　B. 用垫圈焊接机铜级进行缩火
　　C. 用垫圈焊接机炭棒进行缩火　　D. 用热喷枪加热,水冷却

(3) 以下哪种方法不适合识别塑料类型(　　)。
　　A. 燃烧法　　　　B. ISO 码　　　　C. 看颜色　　　　D. 查车身修复手册

(4) 中涂层的作用是(　　)。
　　A. 增强面漆遮盖能力　　　　　　B. 增强漆膜抗石击性
　　C. 获得更准确的颜色　　　　　　D. 以上都不对

2 技能考核

项目1　前翼子板的修复(表4-10)

前翼子板修复项目评分表　　　　　　　　表4-10

基本信息	姓名		学号		班级		组别	
	规定时间		完成时间		考核日期		总评成绩	
任务工单	序号	步骤		完成情况		标准分	评分
				完成	未完成		
	1	考核准备 前翼子板 设备工具				5	
	2	清洁前翼子板				5	
	3	安全防护				5	
	4	设备工具使用				5	
	5	损伤判断				5	
	6	检查钣金修复质量				10	
	7	检查防腐防锈处理				5	
	8	检查喷涂质量				10	
	9	确定修复方案				10	
	10	清洁及整理				5	
安全						5	
5S						5	
沟通表达						5	
工单填写						10	
工艺制订						10	

项目2　车门面板的修复（表4-11）

车门面板修复项目评分表　　　　　　　　　　　　表4-11

基本信息							
	姓名		学号		班级		组别
	规定时间		完成时间		考核日期		总评成绩

任务工单	序号	步骤	完成情况		标准分	评分
			完成	未完成		
	1	考核准备 车门面板 设备工具			5	
	2	清洁车门面板			5	
	3	安全防护			5	
	4	设备工具使用			5	
	5	损伤判断			5	
	6	检查钣金修复质量			10	
	7	检查防腐防锈处理			5	
	8	检查喷涂质量			10	
	9	确定修复方案			10	
	10	清洁及整理			5	
安全					5	
5S					5	
沟通表达					5	
工单填写					10	
工艺制订					10	

项目3　保险杠焊接修复（表4-12）

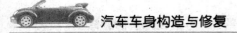

保险杠焊接修复项目评分表　　　　　　表 4-12

基本信息	姓名		学号		班级		组别	
	规定时间		完成时间		考核日期		总评成绩	

任务工单	序号	步骤	完成情况		标准分	评分
			完成	未完成		
	1	考核准备 保险杠 设备工具			5	
	2	清洁保险杠			5	
	3	安全防护			5	
	4	设备工具使用			5	
	5	塑料类型鉴别			5	
	6	检查变形修复质量			5	
	7	检查焊接修复质量			10	
	8	检查喷涂质量			10	
	9	确定修复方案			10	
	10	清洁及整理			5	
安全					5	
5S					5	
沟通表达					5	
工单填写					10	
工艺制订					10	

学习任务 5　车身维修定价

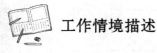

工作情境描述

轿车 A 在道路上行驶时,与一辆迎面而来的轿车 B 相撞;同时,轿车 C 与轿车 A 追尾。经事故救援,轿车 A 被拖至 4S 店,车损理赔员经拆检定损,确定轿车 A 第一损伤区域为左前保险杠和左前翼子板,第二损伤区域是追尾造成损伤的左后翼子板,根据其损伤程度确定维修部位为左前门外板、左后门外板、左侧车顶盖、左前立柱、左侧中立柱、后保险杠。拆装更换前保险杠以及左前翼子板,切割更换左后翼子板。

请在确定好维修范围后,对轿车 A 进行损伤分析,并根据不同部位板件以及受伤程度所需的修复方法和修复工艺不同,对事故车辆 A 进行合理的维修预算定价。

学习目标

1. 正确分析事故车辆的变形趋势和车身损伤程度;
2. 正确进行承载式车身与非承载式车身的判别定价;
3. 正确叙述和运用车身受损部件修复与更换的标准;
4. 描述受损车辆维修费用的组成部分和认定方法;
5. 正确填写损伤车辆的预算评估作业单。

学习时间

26 学时。

学习引导

本任务沿着以下脉络进行学习:

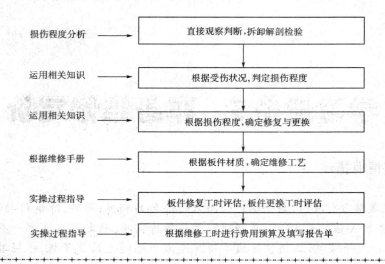

一、知 识 准 备

1 车损预算工作的性质与运用

车损维修费用预算,又叫车损评估,是一项比较复杂的工作,从业人员必须具备丰富的车身结构知识,熟悉车身刚度等级,熟悉受力、应力分析及变形倾向分析,同时还应具备丰富的车身维修经验等专业综合素质。每一台事故车辆对评估人员都是一次挑战,从车损工时的合理评估,到部件、材料、外协加工计算以及维修费用的预算,都需要评估人员在各个操作流程中能熟练使用各种工具和设备并查阅各种材料,利用丰富的专业知识,以便在工作中做到适当、灵活、妙用,在最大限度上争取维修费用评估的公正性和合理性。

另外,评估人员的工作是直接与车主、保险公司、维修技师打交道,除了在预算评估上精心细致外,同时必须具备能应付多方面问题的能力以及专业知识和技巧。

为了能比较准确、清楚地做好维修费用的评估预算,首先必须对损伤车辆进行全面的损伤分析,系统地对损伤区域和部位进行仔细的检查、测量、功能测试,以便对车辆进行伤情鉴定。根据车辆受损的基本状况,按照车身手册上的生产工艺以及维修工艺要求,科学地划分和合理地安排各个维修项目,确定需要维修与更换的区域及部件,统筹计算各项工时,根据维修计划,完成车辆维修费用的评估,在保证高质量完成修复工作的同时,防止费用评估的失真和维修费用的浪费。

制订维修计划,要有明确的具体内容,即维修时间、维修工时、维修工种、外协加工,维修部件以及更换部件等,必须充分考虑到各种可能性并精细分析事故车辆维修中所需要做的工作。作为保险公司、公估公司以及车辆承修厂家,都应该依据承修方的实际能力做好费用预算评估和维修时间的统筹安排,充分利用技术力量和设备资源,尽量缩短维修工期并保质保量地完成车损修复工作。

在开始分析损伤程度之前,首先尽可能与驾乘人员以及事故现场的目击者进行交流,从中多了解一些可能对车损分析有所帮助的信息。例如，事故车辆碰撞时的准确时间；事故车辆出险时的天气状况；出险地道路当时的交通状况；事故车辆出险时的道路路面状况；事故车辆出险前的乘客人数和物品的置放量及置放点；事故车辆出险前的行驶状况；事故车辆出险时所采取的避险措施等情况。另外，还应了解该汽车的一些基本情况，例如，事故车型的标准名称；事故车辆的识别代码；事故车辆的出厂日期；事故车辆所属的款式；事故车辆的基本型号以及其他一些总成的编码型号等，以方便维修时查询有关技术数据和配件代码，确定第一碰撞点并分析车损的发生原因，检查内装饰件、外装饰件以及附属设施、备用设施等，明确出险车辆的车型及结构。

事故车辆入厂后，制订维修费用评估预算，一般的流程如图5-1所示：

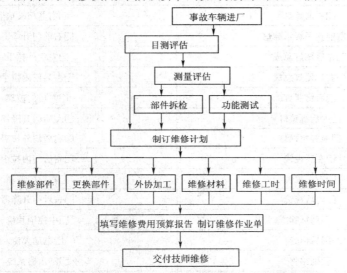

图5-1 维修费用评估预算流程

2 对受损车辆进行损伤程度分析

事故碰撞损伤车辆的费用预算评估，是一项难于操作的工作，没有丰富的专业知识和实践经验，要想做好这项工作确实较难。如果我们将这项工作进行流程化分析和运作，掌握每一项工作过程的精髓，认真去做好每一项工作，也可以达到事半功倍的效果。

对于事故车辆损伤修复的费用预算评估，一些车损预算、保险公估等从业人员，在实践中摸索出了一些有规律可循的操作方法，按照工作过程，具体归纳为四大步骤：受损车辆损伤程度分析，车身受损程度的评估，制订车辆维修计划，进行维修费用的预算并制订维修作业工单。

损伤车辆进入维修厂后，在进行损伤程度分析之前，一般有一个车辆的交接手续（这是在车辆一般维修时也应该进行的工作），在车主在场的情况下，对损伤车辆的内装饰部件、外装饰部件、车辆附带的工具和设施以及一些容易损伤和丢失的灯具、标牌等状况逐一进行登记，以确定这些随车物品的情况并在车辆交接单上注明清楚，请车主签字确认，这是为了车主能够顺利接车提前做好准备工作，某汽车维修站车辆进出厂检查交接单见表5-1。

汽车维修车辆进出厂检查交接单　　　　　　　　表 5-1

□左前照灯总成	□前风窗玻璃
□左前照灯*	□后风窗玻璃
□左前转弯灯*	□左前门外拉手
□左前雾灯	□左前门内拉手
□左前翼子板示廓灯	□左前门玻璃
□右前照灯总成	□左前门升降器
□右前照灯*	□右前门外拉手
□右前转弯灯*	□右前门内拉手
□右前雾灯	□右前门玻璃
□右前翼子板示廓灯	□右前门升降器
□左后尾灯总成	□左后外拉手
□右后尾灯总成	□左后门内拉手
□后牌照灯	□左后门玻璃
□内后视镜灯	□左后门升降器
□乘客室顶灯	□右后门外拉手
□左后视镜	□右后门内拉手
□右后视镜	□右后门玻璃
□内后视镜	□右后门升降器
□前标牌	□中控锁系统
□后标牌	□电动天窗
□副铭牌	□刮水器系统
□灭火器	□音响系统
□随车工具	□备胎
□随车千斤顶	□四轮胎罩
备注：	

说明：填写方法　完好〇，破损 -，缺失 ×，撞击 △。
注：1. 若是前照灯总成则不填写前照灯和前转弯灯；
　　2. 表中未列项目在备注中填写。

当车辆进出厂检查交接单填写完成后，车损评估人员就应该根据操作的流程，进行受损车辆的损伤评估和费用预算。

1）目测评估

目测评估是评估人员利用丰富的实践经验，目视检验和利用简单的测量工具来检查受损车辆的一种行之有效的快速检验方法。

在事故车辆进入维修厂之后，应对受损车辆进行全面的目测检查，首先观察事故车辆车身是否是没有受过损伤的标准状态或受伤区域的状态,并确定碰撞力的方向、受伤的区域以及损伤的零部件。

在目测检查时,基本可以确定碰撞力的方向以及可能受变形影响而损伤的零部件及总成部件,例如,汽车的前面、侧面或者尾部等部位受到撞击时,评估人员应该知道受损范围内可能造成哪些零部件的损伤。

一般在目测检查的同时,评估人员应该填写事故车辆损伤检查分析表,这样从表中可以明确地看出受损的基本情况,预算时就不会有疏漏情况发生。全面检查车辆受损情况时,应对下面的一些部位着重观察:

①检查车身头面部位的受损情况及配合间隙,如图5-2a)、图5-2b)所示。

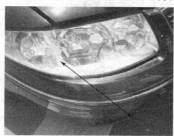 

a)检查右前保险杠受损　　　　b)检查发动机舱盖受损

图5-2　车身头面部位受损情况及配合间隙检查

②检查发动机舱盖的定位、进气格栅和保险杠及翼子板的配合间隙,如图5-3a)～图5-3c)所示。

  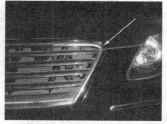

a)检查进气格栅配合间隙　　b)检查翼子板与发动机舱盖配合间隙　　c)检查进气格栅与保险杠配合间隙

图5-3　检查发动机舱盖、进气格栅、保险杠及翼子板配合间隙

③检查车身活动天窗的定位及间隙,如图5-4所示。

④检查车门、活动天窗的开关是否自如,如图5-5a)、图5-5b)所示。

⑤检查车窗运行情况,如图5-6所示。

⑥检查车身覆盖件各板件之间的配合间隙,如图5-7a)、图5-7b)所示。

⑦检查直接撞击区域的板件和零部件及总成的损伤情况,如图5-8所示。

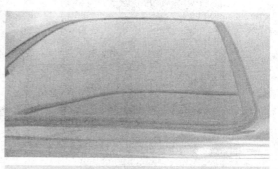

图5-4　检查车身活动天窗的定位及间隙

a) 检查车门开关是否自如　　　　b) 检查车身活动天窗的开关是否自如

图 5-5　检查车门、活动天窗的开关是否自如

⑧检查间接损伤区域的板件及零部件的损伤情况，如图 5-9 所示。

⑨检查碰撞力传递路径上的部件变形情况，主要为应力集中区域，例如，车身上的孔洞、波纹、弯角等结构，如图 5-10a)～图 5-10c)所示。

⑩检查车身内部的仪表、座椅、安全气囊、安全带、内饰件及其他附属设备的损伤情况，如图 5-11a)、图 5-11b)所示。

图 5-6　检查车窗运行情况

a) 检查车门间隙及车门与顶盖配合间隙　　b) 检查发动机舱盖、前照灯、进气格栅及保险杠配合间隙

图 5-7　检查车身覆盖件各板件之间的配合间隙

图 5-8　检查车身前部直接撞击区损伤情况　　图 5-9　检查间接损伤区域车身板件及零部件的损伤情况

a)检查前纵梁弯角结构变形情况　　b)检查前立柱孔洞结构变形情况　　c)检查后纵梁波纹结构变形情况

图 5-10　检查碰撞力传递路径上的部件变形情况

⑪检查发动机舱内部损伤情况,如图 5-12 所示。
⑫检查车辆底部是否有撞击损伤和油、水等渗漏的现象,如图 5-13 所示。
⑬检查受应力影响区域的漆面、焊点以及密封胶损伤情况,如图 5-14 所示。

a)检查仪表、座椅、内饰损伤情况　　　　b)检查安全气囊及安全带损伤情况

图 5-11　检查车身内部部件损伤情况

图 5-12　检查发动机舱内部损伤情况　　图 5-13　检查车辆底部是否有撞击损伤和油、水等渗漏的现象

⑭检查所有门、窗玻璃以及后视镜的损伤情况,如图 5-15a)~图 5-15c)所示。

图 5-14 检查受应力影响区域的漆面、焊点以及密封胶损伤情况

⑮另外,一些部件受损情况不明的,需列入拆检待查项目。

一般有经验的评估人员在检查受损车辆时,首先从车型上判断受损车辆是承载式车身还是非承载式车身,因为不同车身的车型结构在发生碰撞时,变形的倾向有所不同,其维修的方法也有所不同,费用当然有所不同。

2)从车型的区别上判断维修难度

车损程度分析应先从车型上判断,不同的车型维修工艺不同,难度与工时也有区别。轿车车身的类型分为承载式车身和非承载式车身两种。

承载式车身没有独立的车架,而是车架和车身合为一体的整体箱形结构,它由若干个不同几何形状冲压件焊接而成,四周角成刚性连接,一旦发生碰撞,整个车身壳体参与承载,利用结构件和覆盖件等车身部件,分散传递、消耗所承受的冲击力。

a)检查前风窗玻璃损伤情况

b)检查车窗玻璃损伤情况

c)检查后视镜损伤情况

图 5-15 检查所有门、窗玻璃以及后视镜损伤情况

承载式车身的前后都设置有吸能缓冲区,当车身受到撞击时,吸能缓冲区在形变的过程中消除传递的冲击力,中间的乘客室刚度级别最高而且是重点保护区。如果是一般覆盖件受伤,只要进行简单的维修就可以恢复原始状态,所需的工时相对较少;如果是车身结构件受损,则要在专用的台架设备上(即车身矫正台)进行拉拔矫正;如果结构件受损严重且不可修复,则需切割更换,两者工作量都相对较大。另外,如果吸能缓冲区受损严重,且冷拉拔不能恢复原有形状,那么就达不到生产厂家设计技术参数的要求,此时,只适宜更换构件(绝不允许用火焰辅助矫正和擅自加强吸能缓冲区来提高刚度),否则就丧失了原有设计的功能作用。对于这些经过特殊工艺设计的部件以及特殊材质的部位,因维修的工艺不同,耗时相应增多,所以预算的工时都应该较多。

非承载式车身是一种具有独立的车架和车身的结构,车身只是一个载人和载物的箱体空间,车身与车架是通过螺栓来连接的。车辆行驶时,大部分荷载和来自路面的冲击力均由车架承受,所以车身上的前、中、后立柱与承载式车身相比均较细小,车身内部结构件的强度与承载式车身相比有所下降,维修工时相应降低。

当发生碰撞时,非承载式车身的车架对车身能起到一定的保护作用,如果车身受损,车身与车架可以分开进行修理,上面的车身只需恢复其箱体空间,下面的车架只需恢复其几何形状与尺寸就可以了,相对而言,维修难度有所降低,工时也相对有所减少。

3)碰撞力的分析

在判定车型后,应根据车型损伤的变形程度来进行碰撞力的分析,车辆发生碰撞时,由于当时的外在因素和内在因素等情况,其受力状况非常复杂,一般宏观地归纳为两个方面的作用力:第一次损伤部位所承受的直接撞击力和惯性造成的第二次冲撞力。

(1)第一次损伤部位所承受的直接撞击力,如图 5-16a)、图 5-16b)所示。

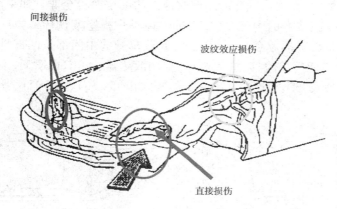

a)直接损伤模拟图

b)直接损伤实物图

图 5-16　第一次损伤部位所承受的直接撞击力

直接撞击力是车辆损伤形成的主要原因,车辆直接撞击力的大小,与碰撞时车辆的总质量与行驶速度、行驶状态、碰撞物的情况与状态、碰撞的部位与接触时间、主动撞击与被动撞击等相关。

在碰撞事故发生时,车辆的总质量和行驶速度与损伤程度密切相关,因为质量大的车辆如果在路面上高速行驶,其积蓄的运动能量随之增大,当发生碰撞时,所有运动能量在瞬间转化为冲击能量。此时,如果撞击的是固定的墙面物体,会对车辆造成较大的损伤,因为墙面物体不会传递、缓冲、抵消冲击力,所有的冲击能量只是被该车辆吸收,如图5-17a)、图5-17b)所示。

①如果车辆在撞击后发生反弹,会对车辆造成更大的损伤,也就是说,反弹的距离越远其损失程度越大,根据作用力与反作用力的原理可以得知,车辆对墙面施加多大的力,墙面也会对车辆施加多大的力。

②如果高速行驶的大质量车辆撞击部位是车身头部的一小部分,那么巨大的冲击能量就会形成极大的剪切力,其损伤状况可能使被撞击的部位面目全非。如果高速行驶的大质量车辆的撞击部位是正前方的中间,且撞击的物体是一根坚实铁棒或电线杆之类的物体,那么巨大的冲击能量就会形成巨大的切入力,导致车身的中间部位的部件受到严重损伤。可能伤及的部件有前面的保险杠、进气格栅、空调散热器、水箱、电磁扇、发动机舱盖等,甚至会伤及发动机并波及与之相连的零部件及总成,如图5-18a)、图5-18b)所示。

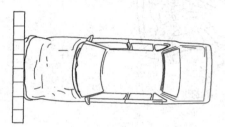
a) 车辆撞击固定物体俯视图

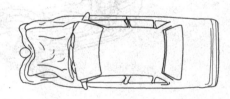
a) 车辆正前方撞击杆状物体俯视图

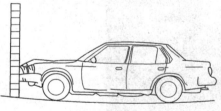
b) 车辆撞击固定物体主视图

b) 车辆正前方撞击杆状物体主视图

图5-17 车辆撞击固定物体　　　　图5-18 车辆正前方撞击杆状物体

综上所述,事故车辆在出险撞击时,接触物体的面积越大,冲击的能量就越会通过车身的结构件和覆盖件迅速向车身的纵深传递,撞击部位的损伤程度相应减小;相反,撞击时接触物体的面积越小,就会形成越大的切入力,撞击部位的损伤程度也就越大。

从以上撞击关系中分析,可以列出以下的关系式:

$$S = \frac{L}{M}$$

式中:S——损伤程度;
　　　L——撞击力;
　　　M——撞击面积。

③如果是两车相撞,并且两辆车的总质量接近,两车的行驶速度也差不多相同,那么车身所受的伤害可以参考上面不同撞击物体的接触面,确定不同的损伤程度。

④如果两车相撞时,双方的车辆总质量相同,但一方车辆的行驶速度高过另一方,那么受伤严重的必定是低速行驶的车辆。

⑤如果两车相撞击时,一方车辆的总质量大、速度高,一方的车辆总质量小、速度低。那么受伤严重的同样是总质量小和速度低的车辆。当动态车辆撞击静止车辆时,受伤严重的也是静止车辆。由此可见,两车相撞时,冲击能量大的车辆损伤较轻,冲击能量小的车辆受损大。

(2)惯性造成的第二次冲撞力。车辆在行驶过程中的运动能量直接影响惯性大小,也就是说,运动能量越大,产生的惯性越大,当车辆发生碰撞时,车身里面人和物品在惯性的作用下会产生高速的俯冲力,此时,车身里面的一些部件以及附属设备,在人和物体的撞击下,可能会受到损伤,如图5-19所示。

①如果惯性非常大,车辆上安装的一些较大的总成部件(如发动机、变速器等)会在惯性的作用下,在与车身的连接处会发生撕裂和断裂现象。

②如果车辆在行驶中,车身里面搭载的乘客和物品较多,在发生碰撞时,巨大的冲击能量会沿着车身的结构部件向后传递,在人及物品的俯冲惯性的作用下,车身的中间部位会受到强大的下沉力,形成凹陷式损伤。

图5-19 惯性造成的第二次冲撞力

4)撞击力的方向与力的合成及分解

①如果车辆在行驶中,被后面行驶的车辆追尾,强大的冲击力除去一部分被车身吸收外,剩余的冲击能量顷刻间会转化为加速力,将车辆向前推行,这种撞击损伤相对较小。

②如果车辆在行驶中,被侧面而来的车辆撞击,接触部位处于车身的中柱区域,那么车身的损伤会比较严重,因为车身的中段是重点保护的区域,没有吸能缓冲功能。

③如果车辆在行驶中,与斜前方而来的车辆相撞,若冲击力恰好经过该车的质心,那么撞击力只会沿车身的纵深传递,其损伤会比较严重,如图5-20所示。

④如果车辆在行驶中,被侧面而来的车辆撞击,接触的部位在该车的前侧面的翼子板处,撞击力没有经过质心,此时会产生极大的推力而使车辆旋转,损伤相应较小,如图5-21所示。

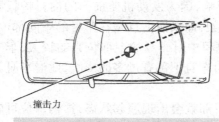

图5-20 撞击力经过车辆质心

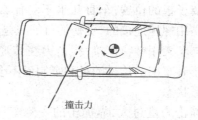

图5-21 撞击力偏离质心

总而言之,在事故车辆撞击力的分析方面,应该从多方面考虑问题,因为每次碰撞的方

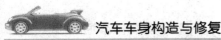

向、角度、力度以及接触点都没有相同的。如果是一个多点撞击的事故车身，还要先查清撞击的顺序，这对正确评估有所帮助。有经验的评估人员可以根据车身的变形倾向得出撞击次序，因为先撞击的冲击力在车身上会沿纵深传递，如果是该车先撞击前方，后面的车辆随后追尾的情况下，两股撞击力的交汇点一定在车身的后门区域；如果两股撞击力较大，在后门的顶盖上和顶盖外侧板上会产生凸起（凸起点处的褶皱会向车身的后面方向倾斜）与凹陷（其下陷凹坑也会向车身的头部偏斜）现象，再严重一些的撞击，则上顶盖与车身侧面的连接处和后门的上边框就会产生开裂以及脱焊现象。

以上各种现象的碰撞力分析，也只是说明车身在受到撞击时的一般现象，只能在这些现象中，分析某些撞击力与相应条件的关系，根本无法计算车辆在发生碰撞时的冲击力度和冲击能量传递多远以及传递到什么部位，因为每台车辆的每次事故的碰撞条件均不一样。例如，碰撞时的天气情况（阴、晴、能见度等）、道路状况（公路等级、盘山公路、平原公路、上坡、下坡等）、行驶的速度、车身的总质量、车辆状况、行车状况（驾驶员是否酒后驾驶、疲劳驾驶、接听手机、视线偏离等）、撞击的物体、撞击的方位、被撞车身的部位、撞击的角度、撞击的力度、是主动撞击还是被动撞击、驾驶员当时的避险措施等，诸多条件不可能相同，所以在碰撞力的分析上，我们只能利用专业知识、一些条件的要素和实践经验，找出一些可以遵循的规律，去进行正确、有效的科学分析。

5）损伤程度分析

在碰撞力的分析工作完毕后，评估人员首先站在车损的第一碰撞处，面向车辆进行事故分析。因为不管是承载式车身还是非承载式车身，它们的车身都是由若干个车身结构件焊接而成，当车身的某个部位受到碰撞，其撞击力都会沿着车身的钢板迅速呈放射性对称状向其他部位传递，可能由于车型结构的不同，其变形倾向有所不同，传递至的部位不同，受损的程度会有所不同。不同的车型设置的吸能缓冲区也有所不同，一些部位及部件都因面积的改变和形状的改变，产生很大的变形量。

任何一种车型，当车身受到撞击时，其变形倾向都可以找到一定的规律，如承载式车身没有车架和车身之分，全车成一个整体结构。当受到外力撞击时，整车参与冲击力的承载，整体的变形状态会呈膨胀式反应，除第一撞击处的直接损伤外，周边会因为产生强烈的拉扯挤压应力效应，而发生大面积的间接损伤，在撞击力的传输过程中，一些吸能缓冲区在功能的作用下，也同时会产生一些波纹效应损伤（也叫功能效应损伤）；另外在一些应力集中区的周边会产生一些凸起、凹陷以及焊点脱焊和钢板撕裂的损伤等现象。

而非承载式车身因为有独立的车架和车身，一般的碰撞冲击力都由车架承受，如果只是撞击前翼子板的位置，车身几乎不受什么影响，因为发动机舱前面的内衬护板和翼子板与车身都是用螺栓连接的，受伤的可能只是车架，如果撞击点是在车身的中间部位，由于车身的下面与车架用螺栓连接，撞击力在传递过程中对车身的上部位影响较大，车身下部的撞击力由于有车架的传递消耗和牵制而不会对车身下部有过多的影响，此时车身就会出现菱形的变形状态。

如果撞击力度过大，靠撞击的一侧车身下部就会出现翘起状态，损伤部位可能就会波及到车身下面与车架连接的螺栓处，其螺栓孔的周边就会有撕裂的损伤出现，非承载式车身的变形状态较多的还是菱形变形、扭曲变形和上下翘曲变形，一般覆盖件的损伤变形与承载式车身的损伤变形没有什么区别。

为了使评估预算做到位，评估人员还必须仔细检查全车的外装饰件、内装饰件、结构件和覆盖件以及附属设施，在沿车身四周查看的同时，应注意前保险杠、进气格栅、前照灯总成、前翼子板、发动机舱盖、行李舱盖、尾灯总成、后保险杠以及门窗等部件与其周边间隙是否均匀对称，如果想确定其变化量，可以用钢卷尺进行对角线测量，以便做到心中有数。

另外，车身上的棱角和棱线等部位也应作为重点检查项目，当这些地方受到撞击时可以明显地看出伤情，如凹陷、翻转以及移位等现象。在检查间隙的同时，顺便打开车门查看，首先检查门槛板、顶盖外侧板、立柱的侧面板等处是否有变形的地方，再把车门来回开关一下，检查其灵活性，同时观察与周边是否有碰拉擦划的地方。

（1）非测量评估。在检查外部覆盖件局部是否有损伤或者判断损伤范围以及损伤程度的时候，评估人员一般采用四种常用的简单检验方法。

①利用光线折射的检查方法。人对着光源站立并与车身形成一定的角度，如果光线折射一致，则说明此处没有变形，如果光线折射散乱，说明此处属于损伤区域，如图5-22所示。

②利用手掌触摸钢板表面的检查方法。从没有受伤的地方向受伤区域轻缓移动，如果手掌感觉车身表面有变化，则此处是损伤部位，如图5-23所示。

图5-22 利用光线折射检查

图5-23 利用手掌触摸检查

③指压判断法。将大拇指放在疑似的损伤区域钢板表面上，在手指上施加一定的压力（约30N，如果从指甲的颜色上看，指甲盖上红、白颜色各半即可），进行刚度测试，如果钢板表面产生变形，则说明钢板刚度下降，如图5-24所示。

④直尺检验法。将不锈钢直尺侧面靠近受伤区的板面进行移动，如果是局部损伤变形，钢板与直尺的接触部位就会因有间隙而露出光线，如图5-25所示。

在对车身外部目测完毕后，再打开发动机舱盖、行李舱盖、车门，同时掀起乘客室地毯，仔细查看车身的板件是否有褶皱、凸起、凹陷、脱焊、施涂有密封胶的地方是否有裂纹等。对一些可以直接测试的系统都要进行功能测试。例如，将全车灯光都进行开关测试（注意：测试灯光之前必须查清整车线路是否完好，若可疑损伤应及时修复，否则可能造成全车线路及电子元件的损伤）。如果车辆可以行驶，还应该启动点火开关对发动机进行启动检查（如果车辆头部受伤，可能会导致水箱压迫电磁扇，即使车辆可以行驶，也不能启动发动机，否则会损伤水箱造成漏水，从而使发动机在冷却系统缺失的情况下工作，造成严重后果），同时进行变速动力测试、悬架减振系统测试、空调系统测试、制动踏板、加速踏板、离合器、转向系统的测试等。

图5-24 利用手指压力检查

图5-25 利用直尺检查

一般的轻微损伤程度分析工作，做到这一步后就可以进行费用评估预算了，只要把需维修的板件和需更换的零部件进行统计，再把维修工时和维修时间列出，就可以制订车损维修费用评估报告和制订下派给技师的车损维修工单了。

(2)测量评估。测量评估是在目测评估之后进行的工作。如果车辆损伤严重以及一些总成部件伤情不明，为了把损伤程度探明清楚，就必须进一步依靠测量仪器与设备对损伤车辆的车身及损伤的部位进行精确测量。测量评估还可以弥补一些在费用评估和修复过程中容易被忽略的地方，并找出一些用目测所不能轻易发现的、隐蔽性极高的故障。如果不进行这项工作，就很容易导致漏估、漏修的现象发生，同时也给事故车辆留下安全隐患。

当车身的结构件受到伤害后，在进行矫正修复之前，必须要进行精确的测量，为维修工时的评估和维修费用的预算以及车身修复提供依据。测量评估是对车辆的整体进行综合测量，除了对车身控制尺寸进行检查外，还要对发动机、变速器、差速器等总成进行功能测试和受伤解剖检查，以及车身的悬架检查和利用车轮定位仪对车辆的四轮进行定位。这在测量评估的工作中都是必不可少的。

对车身的测量评估，首先要找到它的控制尺寸，一般车辆出厂时都随车携带有车身维修手册，可依据上面的尺寸依次检查，一般车身控制尺寸有车身的长度、宽度及高度尺寸、发动机舱的尺寸、门框尺寸、窗框尺寸、行李舱尺寸等，测量工具可以用卷尺、各种测量规以及机械测量设备和电子测量设备。

如果碰撞的车辆损伤严重，而又没有车身维修手册可以参考，则根据伤情需要，测量时可以寻找一辆没有损伤的同一厂家、同款车型的车辆，将该车的测量数据作为参考数据，对事故车辆进行测量，并逐一进行比照。

如果只是车身的一侧受伤，而另一侧完全没有受伤(如果承载式车身的一侧受到严重损伤，另一侧车身也会相应变形)，可以将两边的测量数据进行参照对比分析。

如果前两种条件都不具备，也可以在事故车身上寻找一些可以作为依据的控制点，如一些呈对称性的螺栓、凸起点、凹陷点、棱线、棱角、工艺接头等，将这些测量得来的数据进行误差分析，判别其误差量。

如果没有车身维修手册和比照数据的情况下，应先将车身在专用的台架(车身矫正台)

上固定，同时调平车身。测量数据只能作为参考评估数据，车身的精确尺寸只能在边修复、边测量中取得，特别是精确的宽度尺寸必须在车身水平修复完好后，才能测量取得。

在测量评估后，必要时需对一些待查部件进行解剖检验，也就是人们常说的拆检分析，同时有必要对一些受伤区域的总成进行功能测试，在这个程序中可以邀请一些项目维修技师进行会诊测试。例如，当车身的头部受到撞击时，发动机舱盖不能打开，此时的测量评估不能凭借拱起的发动机舱盖间隙进行定审，因为发动机舱内的空调散热器、水箱、电磁扇、发动机的机体、发电机、空调压缩机、水泵等一些零部件及总成是否受伤或损伤到什么程度等情况不明，妄下判断不仅有失准确性，还可能给相关的利益方造成经济上的损失。这时必须邀请电工、机修、钣金等方面的技师进行拆卸检验，并对拆卸下来的部件及总成进行逐一检验，登记伤情。

对一些伤情不明的总成部件，为了准确地判断受伤程度，必要时需对这些总成进行解剖，并对其变形量、损伤形式、材质类型、修复还是更换等要科学地作出判断，这项工作一般都是以技师会诊的形式操作。目前，有的保险公司将这项工作放在指定的有资质的4S店进行，这是为了避免利益纠纷、一味追求效益以及维修技术上的判断失误。

对于一些可以独立运行的总成部件，在没有确定损伤的情况下，将这些总成部件安装在专用的测试台架上，进行必要的功能测试，以保证损伤评估的准确性。

（3）车身受损程度的评估。车身受损程度的评估认定，也就是从维修的难度上考虑，车身损伤程度越大，维修的难度也越大，同时所需要的维修工时也增多，费用预算随之增大，这几者是有相互关联的，所以在损伤程度的判断评估上一定要多下工夫，要密切注意损伤的角度、直接损伤的区域、间接损伤的区域，损伤区域的材质及刚度等级、损伤区域的维修工艺等要素。

车身损伤程度的评估一般可以从三个方面进行。首先，要分清事故车辆是一般损伤还是严重损伤，对于这个问题目前还没有统一的标准。有的评估人员是以损伤面积的大小作为衡量损伤程度的依据。使用这种判断方法的人员为数不少，其主要优点是操作简便，在一般的车身损伤评估过程中有一定的可行性。有的评估人员是以车身的头面和门窗受损情况作为衡量损伤程度的依据。以这个标准评估损伤的工作人员主要看重工作过程的复杂性，这也不失为一个较好的操作方法。也有一些评估人员以结构件受损情况作为衡量标准，主要是因为如果结构件损伤，需要在专用的台架上进行操作，光准备工作和测量就消耗不少的时间；另外，结构件的材质一般都是高强度钢材，修复时不仅需要动用专业的大型设备，而且需要的工作量较多，付出的劳动强度也比较大，如果结构件需要更换，必须先解剖外面的覆盖件，才能更换里面的结构部件。所以从这个方法来看，其操作的可行性是前面的两种评估方法所不具备的。用这种评估方法来评估结构件的损伤，具有一定的公正性。

但这几个评判标准都有他们特定的局限性，在应用方面都有各自的长处和不足，都是有条件地使用。正确的评估方法应该根据各个事故车辆的具体情况进行具体分析，巧妙地运用以上三个评估方法，才能进行公正的评估。下面对这几种方法进行分析比较：

①以损伤的面积大小作为损伤评估的方法在目前还有一定的通用性，一些保险公司的理赔人员、公估公司的从业人员以及4S店里的车损预算人员，在大多数事故车辆的工时评估及费用预算方法上都采用此种方法。在一般的车险评估中，都以板块的多少作为维修工

时以及费用预算的依据。例如,将保险杠、翼子板、车门、发动机舱盖、行李舱盖、尾幅以及顶盖等部位板件的单位个数作为计算单位。在下列的项目中可以看出其操作模式:

低档车型:一个板块的损伤修复费用 300 元(包括钣金、油漆两工种);
中档车型:一个板块的损伤修复费用 400 元(工种同上);
高档车型:一个板块的损伤修复费用 500 元(工种同上)。

使用这种方法时,以上的标准只是作为一个操作的基数,一般根据各板块的损伤程度及维修难度、维修工时及维修费用酌情增减,如果单个修复发动机舱盖或顶盖,每个板块作 1.5 个板块计算。这种方法操作简单,对于一些对车身结构不太熟悉,以及对结构件的材质不太了解的从业人员来说极易上手,有一定的可操作性。在评估一般车身覆盖件的碰撞损伤,也就是车身钢板表面的一般损伤时,这种方法还是可行的,既方便又快捷。但这种评估的前提是车身结构件没有损伤,如果把这种方法应用在结构件有损伤的部位,评估结果就会大失水准。因为两种评估的概念不一样,复杂的程度也不一样,时间的计算方法也不一样,因为这种小面积的修复只有准备时间、工作时间,没有容许时间,它们的每道工序都只在几个小时内完成。

②以车身的头面和门窗受损情况作为受损依据的评估方法,这种评估方法的出发点是有一定的道理和依据。如果就一般损伤(车身损伤分为一般损伤和严重损伤)的评估来讲,车身的头部和门窗受损维修比较复杂。单从车身头部来讲,这里是一个零部件密集的区域,在受到撞击时,首当其冲的是保险杠、防雾灯,其次是进气格栅、发动机舱盖、空调散热器、空调电磁扇、水箱、水箱电磁扇、水箱支架,后面是发动机、空调压缩机、发电机、头部两边是前照灯总成和转弯灯,还有两侧的翼子板等,如果车身头部受到撞击,与之相关联的板件与零部件都会受到牵连性损伤。

如果从修复的角度讲,车身的头面与门窗的维修技术难度是比较大的,因为与之相关联的部件、配合间隙尺寸太多,而且都要以周边零部件的配合间隙角度考虑。例如,在修复翼子板时,应考虑到以下几个方面:

a. 与前车门的配合间隙;
b. 与侧面车身的流线趋势的配合;
c. 与前立柱下面定位线的配合间隙;
d. 与发动机舱盖侧面的配合间隙(还要兼顾发动机舱盖与前上盖板的间隙);
e. 与前照灯总成(转弯灯)的配合间隙(如果是独立的进气格栅,还要考虑与进气格栅的相关间隙);
f. 与保险杠的配合间隙等。

因此,修复的工作量是可想而知的,在工作过程中,要求维修技师应面面俱到,一般在对这些部位进行修复的时候,没有一次能修复完成的,需要进行多次的修复调试,如果稍微有些疏忽,就会造成多次返修的现象发生。所以,以头部和门窗受损情况作为车身受损评估的依据是有一定道理的。即使不以这个标准为车身受损评估依据,当这些部位受到撞击时,评估人员在进行工时评估和费用预算时,也是向这个标准倾斜的,定损的额度也是较高的。

这个标准只是从复杂程度和配合的精度方面考虑,因为车身的外观和头面部位在间隙和流线上有一点不标准,人们的眼睛都可以直接看到。但这种评估方法的操作难度不高,而且反复矫正调整都较容易,因为周边的零部件都是可以拆卸的外表覆盖件,进行矫正、调整、拆装都比较容易,好操作而且劳动强度与结构件修复相比要小。

③以结构件受损程度作为损伤标准的评估方法。这种观点认为,结构件受损需要在专用台架上进行修复工作,修复前必须进行精确的测量,因为车身修复的好坏直接影响到行车的状态,因此尽量要求修复一次性通过。虽然在某些方面没有要求那么精细,但在车身结构的尺寸恢复上,一定要做到精确,不能有丝毫疏忽。

如果修复完工,在进行组装时发现有问题以及路试时发现行车状态不好,就必须把应力变形区域的所有零部件,以及内、外装饰件,附属设备拆除,有时对受损部位重复矫正一次,可能只要十多分钟就处理好了,但拆装结构件一次的时间就要消耗几个小时。因此,在车身结构件的修复过程中,拆装所消耗的工时也比车身其他部件的损伤修复要多。

另外,从劳动强度方面来讲,进行结构件修复也比修复其他部件大得多,因为外表覆盖件修复,只是在车身的外部进行,修复头面及门窗一般也在外面进行较多的作业,而结构件修复时,修理人员要在车身的外面操作设备,还要在车身里面和车身的底部作业,一边测量掌控车身尺寸数据的变化,一边进行拉拔、敲击等高强度修复作业,劳动强度很大。

对于结构件修复作业,在一次性通过率上要求较高,主要是在恢复车身的几何尺寸方面要求做到精确,但在内部结构件的表面精细度上没有外表要求严格,因为有内装饰件的掩饰,另外,在实际操作时间上,结构件的修复时间没有头面和门窗受损修复多,结构件修复的很大一部分时间,消耗在对车身的测量、观察以及对车身拉拔定位上,真正的高强度作业(敲击)时间较短,从疲劳感来讲,也没有头面修复作业强。何况一般事故车辆车身覆盖件上面的损伤比例还是多一些,如果仅将结构件的损伤程度作为评价损伤程度是否严重的依据,也是片面的、不公正的。

④正确的车辆损伤评估方法应该从多方面去考虑问题。首先观察车身被直接撞击的部位,有哪些覆盖件、结构件以及总成和零部件受损,它们的受损情况、受损程度如何。因为这一区域的损伤是一种综合性损伤,一些总成部件都是不可修复性损伤,结构件与覆盖件的损伤如果严重,也只能采用更换修复的方法,所以这些区域也是损伤最严重的区域。再观察受直接碰撞力挤压和拉伸的间接损伤区域,这一区域主要损伤部件是车身结构件和覆盖件,一般损伤的部位都是较缓和的弹性变形区,对于一些车身的零部件,没有什么致命性损伤,一般都是与车身相连接的部位产生变形和断裂。随后观察冲击力在传递的过程中产生的波纹效应损伤,这一检查范围主要是针对车身的结构件及覆盖件上的应力集中区,在一些面积和形状有所改变的地方会产生凸起、凹陷和焊点撕裂的损伤现象。

在对车身的直接损伤检查完毕后,再检查车身里面的惯性损伤的部件,这包括人和物体在惯性作用下,给车辆造成的损伤,同时还要查看一些总成部件在惯性的作用下,造成的连接性损伤及程度。

在对损伤现象查看清楚后,进行损伤程度分析评估。先从车型的结构上分析,再从损伤面积上判断,随后分析受损区域的材质并根据损伤程度、修复工艺,决定零部件的修复与更换,在修复精度的要求与难度大小以及耗时等多方面进行衡量。只有这样才能精确地进行车辆的损伤评估,我们所讲的评估,重点是放在"评"字上,不能重点放在"估"字上,要根据车辆损伤的实际情况,全方位、多角度地去观察、分析,利用专业知识和实践经验,去进行反复权衡比较,最后才能得出最佳评估方案。

3 制订维修计划

在制订维修计划的时候,首先要确定哪些是需要维修的部件、哪些是需要更换的部件、哪些是需要外协加工的部件以及维修的材料、维修的工时、维修的时间。确定这些方面时,要仔细地研究,科学地分析,特别是在4S店做车损预算工作的人员,更是要认真对待每一台的事故碰撞受损车辆,因为你作的每一份车损预算报告,都要经过保险公司从业人员的审核、车主的认同以及维修技师的接受。他们都是利益方,如何理服三方,这就要求你必须兢兢业业、尽职尽责。除了科学、客观、公正地评估外,还要利用自身的专业知识,说服三方认同你所作的车损评估报告。

1)维修部件的确定

事故车辆在修复时遵从的原则是,必须尽量恢复车辆的设计工艺形状、技术数据和整车的性能状况。在这个大前提下,对车身损伤区域的一些零部件是维修还是更换,需要考虑的因素很多,所以,首先应对撞击部件的损伤程度进行认真的检查、测试、分析,以便作出较公正合理的评估。

对车身的损伤部件是维修还是更换,一般从两个方面去考虑,一方面必须从技术上考虑,另一方面从维修的价格去考虑。

从技术上考虑,就是从维修部件的使用质量上去衡量,认真分析修复部件的可使用寿命,可以将新板件的使用寿命与修复板件的使用寿命进行比较分析。对于维修板件使用寿命的计算方法,一般车身维修板件的使用时间是以维修后出厂之日作为使用时间的起点。因为车辆就是停止使用,车身的板件都会有自然氧化损伤,如果将车辆停放在潮湿不通风的地方,其损伤程度比使用的车辆还要大;对于车身板件的设计使用寿命,基数为8年保证使用时间,但这只是一个技术时间,不包括外部因素的影响,如酸性物质和碱性物质对车身板件的腐蚀。

如果对受伤区域的板件进行修复,要以这个保证使用时间作为参考比照,一般车身板件维修后的使用时间有一个默认的潜在标准,板件修复后的使用标准应该达到新板件保证使用时间的80%,关系式如下:

$$\frac{J}{X} = 0.8$$

式中:J——维修后板件的使用时间;

X——全新板件的使用时间;

0.8——修复板件应该达到新板件的比例时间数。

至于其他零部件修复后的使用时间,不能单纯从时间上考虑,因为它们在使用过程中有磨损和疲劳的现象发生,所以使用与没有使用是有很大的区别的。如一台使用频率较高的车辆与使用频率较低的车辆相比,使用频率较高的汽车的零部件损伤一般要大得多。

因此,可以根据车辆的使用情况进行甄别,如果是使用频率较高的车辆,应该结合它们行驶的里程数来判断,以零部件大修保证的里程数作为维修使用时间参考的标准,达到这个标准就可以进行维修,这也是一个默认的参考标准。也有以新件使用的里程数作为维修的参考标准的,达到里程数80%就可以修复,但这只是一个根本不存在的假想数据,因为零部件的可使用里程数受材质、驾驶技术、路况、载质量以及对车辆的维护频率等条件限制,就是两人同时购买同款、同型号的车辆,其零部件的使用寿命时间肯定不一样,由此看来,以新件使用的里程数作为维修的参考标准可操作性较小。

对于车身板件的修复标准,还可以从维修费用上去衡量,从经济的角度去考虑。一块板件修复后,即使在使用时间上可以达到使用的标准,但费用接近新板件的价格或超过新板件的价格,这在维修作业中是不提倡的。因为维修的板件无论从哪个方面,都不能与新板件相比(维修件耗时多、板面的平整度差、钢板的强度下降)。所以车辆维修行业在维修过程中,不仅要讲究质量,同时要讲究经济效益,效益是企业生存之本。在维修费用上衡量修复标准也有它的默认标准,高档的车型旧板件以及总成的修复费用不能超过新板件和新总成价格80%;中档车型的旧板件维修费用不能超过新板件70%;低档车旧板件的维修费用不能超过新板件60%。因为低档车旧的车身钢板刚性较差,维修后质量难以保证。另外,就是低档车的配件便宜,更换一个板件比修复一个板件要省很多事。

车辆损伤部件的维修标准还有其他的行业通用标准,如车身结构件的轻微损伤和覆盖件的损伤,在没有大的钢板撕裂损伤(撕裂长度不超过100mm)、大的贯穿性损伤(洞伤的直径不能超过50mm)、钢板又没有死褶的情况下,都可以作为修复范围考虑。对于一些已经停产的车型和生产年代久远已经接近报废的车型,市场上根本买不到相应的零部件,即使想办法可以买到,其价格也是不菲的,因此不能从使用的质量考虑,只能是修复利用。虽然更换零部件可以保证质量,但昂贵的维修费用与车辆的使用性以及使用时间不成正比,像这类车型一般还是采用维修的方法进行作业。另外,车身上的塑料部件以及玻璃钢等部件,只要没有严重损伤,都可以使用焊接和粘接等工艺修复。

2)更换部件的确定

车身损伤部件的更换标准,是依照部件修复的标准来确定的,也是从安全角度和经济利益角度来考虑,综合指标在部件修复标准之内的,就进行修复;综合指标超过部件修复标准的,就进行更换,如总成的维修费用超过新总成的80%时就应予以更换。

当车身结构件受到撞击损伤且不能恢复原有的形状和技术状态时,为了确保车辆的安全性能,必须予以更换。如承载式车身的纵梁、支撑梁、车身结构件等,它们都是车身的承重支撑。当损伤变形后会引起刚度下降,达不到原厂设计的要求应予以更换。承载式车身中设计的一些吸能缓冲区是为了通过功能性形变来缓冲、消耗外来的碰撞冲击力,这些部位如果产生不可修复的形变,其自身的功能作用就有所降低,应予以更换。车身覆盖件如果有较大的撕裂性损伤以及较大的贯穿性洞伤,钢板表面的褶皱形成死角,都属于不可修复的范围,应作更换修复。一些使用周期较短,而且价格比较便宜的易损部件,当受到撞击损伤后,也属于更换修复的范围。有些车身局部的板件(如翼子板),在撞击之前就已经过度氧化腐蚀,一旦发生碰撞且修复难以保证质量的,也应进行更换,因为它的整块板件已经接近寿命的终点。车身内部的塑料装饰件以及一些没有做表面涂装的外装饰塑料件,一旦受到损伤,必须更换,因为修复后无法达到原有的视觉状态。对于一些伤情不明的、受伤程度无法作出准确判断的、并且在车身上又是处于关键部位的零部件,也应做更换处理,如刹车系统和转向系统。对于汽车的仪表,如果受到损伤,能独立分离的就进行单件更换,像轿车上仪表都是以总成的形式组合在一起,如果局部受损,也必须更换总成。车身上的各种电镀零部件以及电镀装饰件,一旦受到损伤后,无法修复,必须更换。车身内部的桃木装饰件以及仿桃木的装饰件,因其植物材质和天然纹理的特殊性,根本无法修复,必须更换。另外,像一些附属部件,一旦受损不能修复,只能进行更换,如安全气囊与高档轿车的触发式安全带;一般轿车上装的普通安全带在受到损伤后,虽然可以进行修理,但不允许修复后使用,因为在拆开修理后,安全系数不能保证,因此也只能更换。

当车辆受损后,有时需要各工种的维修技师配合检验、推敲以及测试和论证,决定零部件是否应进行更换,如果稍有疏忽,就会留下安全隐患并损害了利益方。

3) 外协加工

外协加工也就是专项修理。这部分工作在定损时也要考虑进去的,因为现在的汽车维修市场出现了许多专项维修店,他们长期只从事单项和多项的维修工作,设备专业齐全,技术精湛,维修质量好,而且维修迅速,价格又合理。

对于外协加工,一般4S店都是乐于接受的,如果自己维修,则必须添置专业设备,引进专业的技术人才。因为外协加工的部件,一般都是小量的作业,若由4S店维修,则拉高了成本;外协加工维修店,服务的是一个区域,若由他们进行维修,则可大大降低维修成本。同时也能得到保险公司的认同,因为这些维修店也帮助他们减少了保险标的费用的支出。外协加工的项目一般有:

发动机缸套的镗、磨加工及更换;发动机曲轴的磨削加工;发动机缸盖变形的磨合加工;发动机气门导管的更换与气门座的研磨;发动机缸体、变速器壳体裂纹修复;水箱及空调散热器和蒸发器的焊接修复;油箱渗漏焊接修复;柴油泵以及喷油嘴的修理与校正;汽车轮胎的更换与修复;车辆的四轮定位等。

外协加工不是硬性地规定哪些部件外协加工、哪些部件在4S店维修,而是根据本厂的自身条件而确定的,设备齐全的店,外协加工的项目就要少一些;设备相对少一些的店,外协加工的项目自然要多一些。

4) 维修材料

车辆受到撞击后,就会有一些零部件和总成等材料受到损伤,维修材料是由总成材料、零部件材料和维修消耗的辅助材料三个方面构成。

5) 维修工时

车辆维修预算工时不等同于汽车维修技师的实际作业工时,也就是说车辆费用预算的工时远远大于各工种维修技师的实际操作工时。

车辆维修工时是由技师实际操作工时、运行操作工时、管理人员工时以及各种成本公摊和费用公摊组成。

技师实际操作工时是指直接在车辆上进行常规维修和碰撞修复等作业发生的实际工时。运行操作工时也叫隐形操作工时，包含维修接待人员、车损预算人员、配件采购和管理人员、质量检验人员以及后勤服务人员等作业发生的工时。管理人员工时是指维修厂家里的经营管理人员的服务工时。各种成本公摊和费用公摊包括税费公摊、水电公摊、设备的折旧与维修公摊、房屋及土地租金公摊、管理费用公摊、扩大再生产的预留以及利润积累等。

在车辆损伤的评估预算时，当维修项目确定后，就应对维修工时进行确定，再将维修工时代入工费率进行维修费用的预算，所以确定维修工时也是一项关键性的工作。车辆碰撞损伤的维修工时，主要包含如下几个方面的工时：

（1）拆装工时。事故车辆维修的拆装工时在事故车辆维修的工时中占有很大的比例。首先是在车身损伤评估方面，为了对损伤程度有准确评估，根据需要必须对损伤区域的覆盖件、零部件以及装饰板进行拆卸解剖，特别是对受损区域部件拆装是一个很复杂的工作，既要将受损的部件拆卸下来，又不能扩大损伤，因为在受损区域有些零部件被受损的板件包裹着，一些连接的螺栓和卡扣都夹在受损的板件中，每拆除一块部件，都要花费很多的时间。所以先期的拆卸既要有经验又要有技巧，可以利用一些设备协助受损部件的拆除。拆装工时又分为整车拆装工时、部件拆装工时和辅助拆装工时。

①整车拆装工时是针对事故车辆的结构件严重受损变形而进行拆卸工作所需要的工时，例如承载式车身受到严重损伤时，冲击力向纵深传递，损伤区域过大，为了修复工作的需要，就必须进行整车拆装。拆装时，需要把车身的一些总成、零部件、附属设备以及内、外装饰部件进行拆除，以便后面的工作顺利进行。

当车身整体全部矫正完成后，必须进行各零部件及总成、车身覆盖件的试组装，通过试组装能够及时发现问题，以便进行矫正和调整。在所有零部件、总成以及车身覆盖件全部试组装合格后，再把上述的零部件全部拆除，交给油漆技师进行涂装施工。待油漆完全干燥后，按施工流程进行全车的零部件、总成、车身覆盖件、内装饰件、外装饰件以及车身附属设施的安装工作。

根据上面叙述的工作过程，整车拆装的工作再好的技师也得重复两次以上，所以整车拆装的预算工时比其他工作过程要多很多。

不过一些损伤区域的零部件在拆卸下来后，需进行进一步的解剖分析时，其工时的费用不计算重复拆装的工时，只预算解剖、矫正以及维修零部件的实际工时。

②零部件修复拆装工时，就是当车身的某个部位受损后，对可能损伤的零部件、总成、车身的覆盖件进行损伤判断或拆检分析以及修复作业所发生的拆装工时。

③辅助修复拆装工时，当车身某个部位受到撞击时，在进行修复前，必须对局部受损的部件和周边相连接的附属设施以及内、外装饰件先行拆除，在经过矫正修复后，同样要进行试组装、试拆装以及重复矫正的工作，不过这种局部修复的组装比较少，组装调试难度相对较小。从另外的角度看，局部拆装工时与局部矫正工时相比较，有时可能出现拆装的工时高于矫正修复工时的现象。例如，当车身的前纵梁严重受损，不管是修复还是切割更换，都必须将前面的发动机、变速器、前悬架系统、翼子板、水箱支架、水箱、空调散热器、电磁扇以及发动机舱里面的所有零部件拆除，部分总成及部件拆装工时见表5-2。

部分总成及部件拆装工时   表 5-2

拆装总成项目	参考工时(h)	拆装总成项目	参考工时(h)
发动机	4	变速器	2
差速器	1.5	空调系统	3
水箱	0.5	减振器(单件)	1
制动系统	2.0	转向系统	1.5
悬架系统	3.0	车轮(单个)	0.1
发动机舱盖	0.2	水箱支架	0.3
前保险杠	0.5	翼子板	0.3
车门	0.2	行李箱盖	0.2
全车挡泥板	0.2	车门附件(单个)	0.2
发动机舱盖铰链	0.1	发动机舱盖锁	0.2
发动机舱盖锁拉索	0.3	发动机舱盖撑杆	0.1
行李舱锁	0.15	前保险杠支架	0.2
前保险杠内衬	0.15	进气格栅	0.2
车门铰链	0.3	车门限回器	0.25
车门锁	0.3	车门内拉手	0.1
车门外拉手及饰框	0.25	玻璃升降机(电动)	0.2
玻璃升降机(手动)	0.15	单人座椅	0.5
后排座椅	0.8	安全带(普通)	0.3
安全带(触发)	0.5	龙门架(可拆)	0.6
元宝梁	1.5	车架	110

注:拆装工时是针对辅助维修拆装的时间,如果是维修区域的拆装可以上浮 50% 或更多,这要视修复难度而定。

附属零部件的拆装工时见表 5-3。

附属零部件的拆装工时   表 5-3

修复部件	附属零件的拆装作业	参考时间(h)
发动机舱盖	拆装背面的隔热板	0.2
前后车门(单)	拆装内装饰板和外拉手	0.5
行李舱盖	拆装背面饰板	0.2
行李舱	拆装行李舱内饰	0.3
尾门	拆除背面饰板	0.2
翼子板	拆装挡泥内衬(单)	0.2
车身校正	拆装座椅(单)	0.2
车身校正	拆除内饰板(侧面)	0.2
车身校正	拆装整车密封胶条	0.6
车顶盖	车顶内饰板	0.4

(2)整形工时。整形工时是汽车维修钣金工在车辆发生碰撞后,进行整形修复工作所

需要的工时。当受损区域车身上的板件在冲击力的影响下出现变形倾向时,首先必须由钣金技师对车身进行校正整形,恢复其车身的几何形状。

整形工时的定额标准是根据车身受损部位大小、损伤程度的高低、修复工艺的复杂性、修复工作的强度等作为参考标准进行评估,一般按照损伤程度进行等级划分。

整形工时等级的确定及使用要点,如果是车身的结构件和覆盖件的受损部位超过一处,则应以损伤最严重地方的修复难度和损伤面积并结合其他部位修复难度以及损伤面积的比例进行损伤等级和工时等级的确定。

碰撞车辆的等级划分,从各方面综合考虑归纳为三种类型。

第一种类型为轻微损伤型。车身覆盖件钢板局部受损或小范围受损,无严重凹陷、延展、溃缩的现象,而且车身的结构件没有受损。损伤部位没有伤及车身覆盖件的棱线和车身钢板的边缘部位,各部件之间的配合间隙没有发生变化。可以直接使用手锤以及手顶铁在板件的背面进行钢板修复校正工作。如车身的车门、发动机舱盖、行李舱盖、前翼子板以及车身其他覆盖件表面钢板的轻微碰撞变形。

第二种类型为中度损伤型。受伤面积小于 $300cm^2$ 以及局部框架变形或车身的表面覆盖件钢板有较大的延展、溃缩、凹陷的中等程度的变形损伤。车身的外部表面钢板的流线条或车身外部钢板的边缘部位也受到损伤。在车身内侧无法直接用手锤和手顶铁进行修复矫正工作,在进行车身的板面修复时需要辅助拆装一些与之相关联的零部件和装饰部件。如车身与结构件焊在一起的一些覆盖件的碰撞受损变形。

第三种类型为严重损伤型。车身碰撞受损面积大于 $300cm^2$,而且车身的结构件已经产生严重变形,车身表面的覆盖件钢板有严重的延展、溃缩、凹陷和死褶的损伤,修复时必须在车身校正设备上进行车身结构件的拉拔、伸展、敲打等校正方式以及解剖校正和解剖更换车身上的结构件、覆盖件等,如前纵梁、行李舱以及车身中段的结构件,车身覆盖件外钢板的修复工时见表5-4。

车身覆盖件外钢板的修复工时 表5-4

修复工时(h) 受伤面积($\times 100cm^2$)	A	B	C
1	0.6	0.8	0.9
2	0.8	1.0	1.4
3	0.9	1.3	1.7
4	1.0	1.4	1.9
5,6	1.1	1.5	2.1
7,8	1.2	1.7	2.3
9,10	1.3	1.9	2.5
11~14	1.4	2.1	2.8
15~18	1.5	2.3	3.0

续上表

修复工时(h) 受伤面积(×100cm²) 修复的难易度	A	B	C
19~22	1.6	2.5	3.3
23~26	1.7	2.6	3.5
27~30	1.8	2.8	3.7
31~40	2.0	3.1	4.1

注:修复难易度分为三个等级:
  A——属轻微损伤(容易),钢板表面没有明显的凹陷和凸起,损伤部位未伤及车身外钢板的线条或部件的边缘;
  B——属中度损伤(中度),损伤面积较大,车身及外钢板的线条和边缘有损伤,钢板表面有明显的凸起及凹陷;
  C——属重度损伤(困难),损伤面积大而且严重,车身及外钢板的线条和边缘损伤严重,钢板表面有严重的凹陷和凸起以及褶皱。

车身结构件校正标准工时的计算方法:
$$车身结构件校正时间 = 基础车身校正时间 + 各车身结构部件的校正时间$$

  其中,基础车身校正的作业内容包括将事故车辆固定在车身校正的设备上和完工后从车身矫正设备上拆除移下;进行损伤车辆的测量鉴定、掌握车身及结构件的基本尺寸变化,判断受伤程度;使用车身校正设备对事故碰撞车身进行拉拔、撑顶、敲打来恢复车身和结构件的尺寸;在对车身拉拔、撑顶、敲打的过程中,注意观察周边受应力影响变形的结构件还原情况,并对这些部件进行安装和调整;在整个车身修复的过程中,及时用尺子、量规以及测量仪器和设备对车身及结构件进行测量监控,注意车身数据尺寸的变化;所有轿车车型的车身及结构件基础车身校正作业固定工时为6h。

  各车身结构部件的校正内容包括先将各车身结构件用目测和尺子以及测量设备进行测量,判断其受伤程度;用敲打和推、拉等校正修复方法,将弯曲、凸起、凹陷、褶皱的结构件恢复到原来的几何形状与几何尺寸;依据各结构部件受伤程度的不同,评估校正需要的时间。损伤程度与各结构部件校正时间,见表5-5。

损伤程度与各结构部件矫正时间表   表5-5

损伤程度	校正时间(h)	损伤程度	校正时间(h)
A	1	C	4
B	2	—	—

车身及结构件校正工时表的使用方法见表5-6。

车身及结构件校正工时表的使用方法   表5-6

方 法	内 容
是否适用车身结构件校正标准工时	判断损伤校正时是否需要使用车身校正设备
是否适用各结构部件校正工时	根据结构件受损车辆,参照校正时间表
计算车身及结构件校正时间	基础车身校正时间 + 各车身结构部件的校正时间

车身及结构件校正工时的计算方法范例见表 5-7。

车身及结构件校正工时的计算方法范例　　　　　　表 5-7

修 理 部 位	损伤程度	校正工时(h)
右前翼子板隔板	A	1
右前翼子板加强梁	B	2
右前侧纵梁	B	2

$$校正工时 = 基础校正时间 + 结构件校正时间$$
$$校正工时 = 6 + 1 + 2 + 2 = 11(h)$$

（3）换件工时。在事故车辆的修复过程中，如果发现一些车身上的结构件、覆盖件、总成、零部件以及车身上的附属设备和内、外装饰部件受到不可修复性的损伤，有些部件因维修工艺的要求，修复后难以达到原有设计的技术参数需进行换件作业，在进行换件作业后所发生的工时称为换件工时。如门窗玻璃和后视镜玻璃、保险杠、各种灯具、前纵梁以及车身内部结构件等。换件工时参考其他拆装工时标准进行套用，更换车身部件的工时见表 5-8。

更换车身部件的工时　　　　　　表 5-8

更换部件项目	更换时间(h)	更换及调整时间(h)
发动机舱盖	0.2	0.3
前翼子板	0.3	0.6
前车门	0.2	0.4
后车门	0.2	0.4
行李箱盖	0.2	0.3
保险杠	0.5	0.8
后翼子板（切割）	4.0	6.0
车身顶盖（切割）	4.5	6.0
前纵梁（切割）	7.0	8.5
后侧梁（切割）	9.0	10
后围板（切割）	6.0	8.0
承载式车身	85	—
非承载式车身	80	—
非承载式车架	70	—

注：更换后翼子板时，如果结构件有变形倾向，在更换时必须先进行校正对位。

（4）机修工时。在事故车辆的维修作业中，对其机械部分所进行的拆装、检验、维修以及功能调试需要的工时称为机修工时。如发动机、变速器、差速器、前后桥、转向系统、离合系统、制动系统以及悬架系统等，汽车机修故障修理项目工时见表 5-9。

汽车机修故障修理项目工时　　　　　　表 5-9

总成名称	序号	故障名称或现象	所涉主要零部件或系统	工时 普通	工时 电控
发动机	1	怠速不稳/发抖	供油系、点火系、进排气系统、电控系统	1.0	1.5
	2	怠速过高/过低,无怠速,易熄火	供油系、点火系、进排气系统、电控系统	1.0	1.5
	3	加速发闷	供油系、点火系、电控系统	1.5	2.5
	4	加速不畅	油电路、正时机构、进排气系统、电控系统	1.5	2.0
	5	发动机异响	不解体诊断	1.5	2.0
	6	漏油/水/气	不解体诊断	1.0	1.0
	7	水温高	冷却系、点火系、供油系	2.0	3.0
	8	机油警告灯亮	警告灯电路、润滑系	1.0	1.5
底盘	9	行驶跑偏	行驶系、转向系、制动系	2.0	3.0
	10	制动跑偏及异响	行驶系、制动系	2.0	2.0
	11	行驶异响	传动系、行驶系	1.0	1.0
	12	行驶发抖	传动系、行驶系	1.0	1.0
	13	制动甩尾	制动系、行驶系	1.0	1.0
	14	离合器打滑/发抖	离合器片、压板、飞轮、分离轴承、分离杠杆	1.5	1.5
	15	转向助力无反应	转向器、助力泵、助力缸、电控系统	2.5	3.0
	16	全时四轮驱动故障	黏液耦合系、差速锁、液控系统、电控系统	—	3.0
电器元件电控	17	音响故障	音响电路、音响解码	1.0	2.0
	18	空调不制冷/有风	传感器、压缩机、制冷剂、风门控制、线路、电控系统	1.5	2.0
	19	空调无风	传感器、风机及控制器、线路、电控系统	1.0	1.5
	20	空调制冷量不足	压缩机、制冷剂、风门、膨胀阀、线路、电控系统	1.0	1.5
	21	无暖风	暖风水箱、风机及控制器、风门控制、暖水阀、线路	1.5	3.0
	22	风量、风向、温度不可调	空调控制器	1.0	1.5
	23	开空调水温高	冷凝器、传感器、水温开关、电控风扇	2.0	3.0
	24	开空调怠速下降/不提速	怠速控制阀、传感器、真空控制阀、电控系统	1.5	2.0
	25	车门/行李舱盖不自动吸合	真空控制器、管路、控制电动机、电控系统	—	3.0
	26	电动倒车镜不可调	开关、线路、控制电机、电控系统	1.0	1.0
	27	电动车窗不可调	主开关、门开关、线路、电控系统	1.5	1.5
	28	电动座椅不可调	开关、线路、控制电动机、电控系统	—	2.0
	29	自动安全带失控	开关、线路、控制电动机、电控系统		2.0

续上表

总成名称	序号	故障名称或现象	所涉主要零部件或系统	工时 普通	工时 电控
电器元件电控	30	电动天窗工作不正常	控制电动机、线路、开关	1.5	2.0
	31	中控锁失控(门内、门外)	锁机、电脑、线路、电控系统	1.5	2.0
	32	刮水器、喷水、除霜等车内电器故障	控制电动机、开关、线路	2.0	2.0
	33	仪表、指示灯故障	仪表、警告灯、指示灯、线路	1.0	1.0
	34	卫星导航系统故障	传感器、接收器、显示器、电控系统	3.0	4.0
	35	换挡冲击大	内部机件、油门拉索、液控系统、电控系统	4.0	5.0
	36	无前进挡	内部机件、液控系统、电控系统	4.0	5.0
	37	无倒挡	内部机件、液控系统、电控系统	4.0	5.0
	38	加挡迟	内部机件、油门拉索、液控系统、电控系统	4.0	5.0
	39	制动熄火/无离合状态	内部机件、液控系统、电控系统	4.0	5.0
	40	其他机械故障	操纵机构、变速机构	3.0	3.0
	41	电控发动机检查灯亮	控制线路、传感器与执行器、电脑	—	3.0
	42	安全气囊警告灯亮	控制线路、传感器与执行器、电脑	2.5	2.5
	43	ABS警告灯亮	控制线路、传感器与执行器、电脑	2.0	2.0
	44	ARS系统警告灯	控制线路、传感器与执行器、电脑	3.0	3.0
	45	巡航系统警告灯	控制线路、传感器与执行器、电脑	—	3.0
	46	电控悬架系统警告灯	控制线路、传感器与执行器、电脑	—	2.0
	47	电控自动变速器警告灯亮	控制线路、传感器与执行器、电脑	—	3.0
	48	电控单元编程设定	电控单元	—	2.0

(5)电工工时。在对损伤车辆的维修作业中,电工工时主要是更换各种灯具,检查和修复全车线路,检查和修复空调系统、发电机、起动机、车身的电脑、音响、仪表、组合开关、各种传感器、刮水器系统、中控系统以及蓄电池的能量测试和补充液的添加所需要的工时。电工作业在事故车辆的维修作业中,很大一部分是配合其他工种对车身部件及总成所进行的辅助维修拆装,电工部分工时见表5-10。

电工部分工时 表5-10

维修项目	拆装工时(h)	维修工时(h)
前照灯总成	0.2(单)	0.30
雾灯	0.35(对)	0.50
尾灯	0.10(单)	0.15
牌照灯	0.20(对)	0.30
翼子板信号灯	0.1(单)	0.4
室内顶灯	0.10	0.50

续上表

维 修 项 目	拆装工时(h)	维修工时(h)
闪光器	0.1	0.2
警告灯	0.2	1.0
仪表总成	0.30	0.50
仪表台	1.5	2.0
组合开关	0.50	0.70
制动开关	0.2	0.5
倒车开关	0.2	0.5
车门灯	0.2	0.3
行李舱灯	0.2	0.4
喇叭	0.3	0.5
倒车语音器	0.2	0.3
转速表	0.2	0.3
里程表软轴	0.3	0.5
里程表(电子)	0.2	0.5
点烟器	0.2	0.3
收放机	0.5	1.0
天线	0.1	0.2
中控系统	0.5	1.2
电动车窗(单)	0.3	0.5
座椅电动机	0.5	0.8
电动后视镜	0.3	0.8
天窗电动机	0.8	1.2
空调系统	1.0	1.5
发电机	0.2	0.5
起动机	0.3	0.5
蓄电池	0.1	0.2
刮水器	0.4	0.6
喷水系统	0.3	0.4
汽车音响	0.5	2.0
倒车雷达	1.0	1.5
全车线路总成	15	4.0
安全气囊	2.0	2.5

注:1.以上电工工时均为单项修理;

2.如果适用维修工时,不另计拆装工时;

3.单项维修工时包含线路检修。

(6)油漆修复工时。油漆涂装的工时分别有调色时间、覆盖件喷涂时间、结构件喷涂时间等,调色工时见表5-11。

调色工时表　　　　　　　　　　　　　　　　　　　表5-11

油漆分类＼工时(h)＼喷涂片数	1片	2片	3片	4片	5片
素色纯油漆	1.5	1.5	1.5	1.5	1.5
银粉漆/2层珍珠漆	1.6	2.3	2.9	3.4	3.4
3层珍珠漆	2.1	3.0	3.8	4.5	4.7

注:1.片数:车身覆盖件外板的喷涂片数;
　　2.不足1片不计算工时,不足两片只计1片,以此类推;
　　3.调色计数以5片为上限数,超过5片,以5片数计算;
　　4.调色工时包含油漆的调配与微调,比色板的喷涂与烘烤,若没有进行比色板的喷涂与烘烤,只计每次调色工时为1.0h。

覆盖件喷涂工时见表5-12。

覆盖件喷涂工时表　　　　　　　　　　　　　　　　表5-12

覆盖件名称＼工时(h)＼喷涂片数	新钢板		补修面积1/1		补修面积1/2	
	单片	多片	单片	多片	单片	多片
发动机舱盖	2.9	2.2	4.5	4.0	2.5	1.9
前翼子板	1.7	1.2	2.5	1.9	2.5	1.9
前车门	2.1	1.6	3.0	2.5	2.5	1.9
后车门	2.0	1.5	3.0	2.5	2.3	1.8
后翼子板	3.7	2.9	4.0	3.2	2.5	1.9
行李舱盖	2.3	1.7	4.2	3.4	2.5	1.9
后围板	2.4	1.8	3.2	2.7	2.5	1.9
车顶盖	4.2	3.2	5.00	4.3	3.8	3.2
车门槛板	1.6	1.4	2.0	1.3	1.5	1.0
前(中)立柱	1.5	1.3	1.8	1.2	1.0	0.8

注:1.新钢板包括除污、防锈、中涂底漆等底材处理、面漆喷涂以及涂抹密封胶;
　　2.补修钢板包括除污、防锈、施涂原子灰以及面漆喷涂与密封胶的涂抹;
　　3.1/1,1/2是油漆喷涂的面积与钢板面积的比例;
　　4.单片:实施涂装的钢板数为1片;
　　5.多片:实施涂装的钢板数为2片(含)以上。

覆盖件喷涂工时说明。新钢板为车身修复更换的、可以直接拆卸的覆盖件钢板和解剖焊接的覆盖件钢板,涂装时包含相关联的部位补修工作;饰条下侧的补修工时为1.0h;前翼子板的涂装包含翼子板加强梁的结合部,后翼子板的涂装包含后行李舱的开口侧面板。

辅助涂装工时见表5-13。

辅助涂装工时　　　　　　　　表5-13

项　目		喷涂时间(h)	准备时间(h)
低遮蔽力油漆	车顶	0.5	0.3
	新钢板补修	0.3	0.3
	车顶以外的每片钢板	0.2	0.3
2层素色油漆	车顶	0.3	0.1
	车顶以外的每片钢板	0.1	0.1
	发动机舱盖	1.4	0.1
	前翼子板	0.6	0.1
	前车门	0.9	0.1
	后车门	0.9	0.1
耐擦伤涂料	后翼子板	1.3	0.1
	行李舱盖	1.1	0.1
	下围板	0.7	0.1
	车顶盖	1.7	0.1
	车门槛板	0.4	0.1
	使用烤漆房	—	0.5

注：1. 辅助涂装是指上述车身板件背面的普通油漆和特殊涂料的涂装；
　　2. 辅助涂装的工时是以被涂装的板件单位数(片)计算；
　　3. 2层素色漆与耐擦伤涂料两条件同时存在时，只计算耐擦伤涂料时间；
　　4. 低遮蔽力颜色漆与耐擦伤涂料两条件同时存在时，要分别计算；
　　5. 没有使用耐擦涂料，如只使用上述两项其中的油漆，只按上述对应工时计算。

特殊部件工时见表5-14。

特殊部件工时(保险杠)　　　　　　表5-14

工时(h)　修复 项目	新部件		外伤修复		变形修复	
	单色	黑色线条	单色	黑色线条	单色	黑色线条
素色漆	2.2	2.5	3.3	4.0	3.9	4.6
银粉漆/2层珍珠漆	2.3	2.6	3.4	4.1	4.0	4.7
3层珍珠漆	2.5	2.9	3.7	4.4	4.3	4.9

注：1. 此工时包含擦伤修复、轻微变形修复、施涂原子灰及油漆的喷涂；
　　2. 外伤修复包含修正，长度标准为21cm，超过21cm，工时需增加1h；
　　3. 变形修复包含热加工修正，伤痕长度为21cm，超过21cm，工时需增加2.0h。

结构件涂装工时见表5-15。

结构件涂装工时 表5-15

项　　目		时间(h)	内　　容
发动机舱	小	1.2	水箱支架总成
	中	1.5	水箱支架总成及单侧隔板和侧梁
	大	2.0	水箱支架总成及两侧隔板与下隔板
前柱		0.7	单侧
中柱		1.0	单侧
行李舱地板	小	1.0	修补面积小于1500cm²(含尾梁)
	大	1.5	修补面积大于1500cm²(含尾梁)
车内地板		0.5	每座位(全车最多2h)

单项涂装专业工时见表5-16。

单项涂装专业工时 表5-16

项　　目	适用车型	工时(h)	
车顶侧栏板(单侧)	指定车型	1.5	
外后视镜(单个)	所有车型	0.5	
车门外把手(单件)	所有车型	0.3	
车身饰条(单件)	所有车型	0.5	
尾灯下侧板(单件)	指定车型	0.6	
前照灯下侧板(单件)	指定车型	0.5	
下车身外饰板(塑料)	指定车型	1.5	
水箱护罩	指定车型	0.5	
挡泥板	所有车型	0.5	
前、后翼子板上狭长处(单侧)	所有车型	单色	0.9
		双色	1.2

注:1.指定车型是指有的车型特有的板件；
　　2.零部件的材质有钢板与塑料。

(7)整车调试工时。整车调试工时的内容包括发动机、变速器等总成的磨合及功能调试、制动系统的功能调试、转向系统的功能调试、离合器的功能调试、整车的性能调试、路试以及车辆的四轮定位等,这项工作需要专业的质检人员和各工种的维修技术人员配合进行,以便发现问题及时解决,整车调试工时见表5-17。

整车调试工时 表5-17

测试项目	测试工时(h)	辅助工时(h)
发动机与变速器组装	1.5	0.5
总成台架磨合测试	4.0	2.0
制动系统调试	1.0	0.5
转向系统调试	0.8	0.3
离合器的调试	0.5	0.2

续上表

测试项目	测试工时(h)	辅助工时(h)
整车性能调试	2.0	1.0
整车路试	1.0	0.5
四轮定位	2.0	0.5

注:1. 测试工时为对总成系统的检测与调试;
　　2. 辅助工时为技术质检人员的测试工时和协助人员的工时。

6)维修时间

汽车修复维修工时是由工作时间、准备时间以及容许时间组成。

(1)工作时间。工作时间就是指维修技师在车辆修复中使用的实际工作时间。例如,车身测量、变形倾向分析、损伤程度分析;维修车身及总成、零部件的拆装;矫正车身、修复表面钢板、更换车身结构件与覆盖件;油漆的底材处理与涂装以及部件接头密封胶的涂抹;发动机总成的修复、零部件的更换及功能测试;车身底盘部分的修复、零部件的更换及功能测试;电工总成及线路的修复、零部件的更换及功能测试;外协加工、整车性能测试等。

(2)准备时间。准备时间就是指维修技师在车辆修复工程中所需要的辅助时间。例如,维修车辆进厂的检验、交接以及工单的填写与下派;车辆维修设备与维修工具的准备;维修车辆所需的总成及零配件的采购、等待和准备;维修车辆的移进移出修复工位等。

(3)容许时间。容许时间就是指维修车辆的技师在整个工作过程中需要延用的时间。例如,车辆维修工具的选择;车辆的总成、零部件以及车身结构件和覆盖件的维修失误返修;维修过程中遇到难题所进行的技术会诊和研讨;维修技师工作疲劳的休息等。

4 填写维修费用预算报告

受损车辆经过目测评估、测量评估、对受损部位和部件损伤程度的评估后,就要进行维修计划的制订,对受损区域的结构件、覆盖件、零部件及总成维修范围、更换范围进行认定;再对外协加工、维修材料、维修工时、维修时间进行确定,最后对上述的工作以书面形式进行详细的记录,为后面的车损费用预算报告提供依据。

车辆碰撞预算按操作要求应该分两步:

第一步,基本预算。本步骤要求:过程解释应明确,注明哪些是修复范围,哪些是非修复范围;确定维修区域和更换区域的零部件和总成的名称及数量;车辆损伤区需更换的零部件及总成部件的分类;需更换的损伤零部件及总成部件的采购渠道及安排;采购的零部件及总成材料的供货时间或是否有货;碰撞车辆维修作业过程中所有工种需要时间的评估认定。

第二步,完全预算。本步骤要求:在事故车辆的维修待定项目和待查项目完全明确之后,就应该将维修费用进行分项预算,首先将维修工时进行公式化计算。如高档车型的计算公式:

$$维修预算 = 标准工时 \times 工费率(1 + 车辆等级系数)$$

其中,车辆等级系数 = 20%。

车辆等级系数收费是由于车辆维修技师在维修高档车辆时,技术要求高和精;从时间上来讲耗时较多、维修速度有所降低。从前面的板块评估方面看，车损评估人员的评估结果在实际维修费用评估工作过程中都得到了应用。

如果对低档车辆进行碰撞维修费用的评估预算，可以在系数上面降低20%，当然维修费用的升降，还要参考车辆的新旧程度等情况。

材料费用的预算，评估工作人员在实际操作过程中，也有一定的预算方法和预算标准，可以归纳为如下公式：

材料费用预算＝零部件的数量×单位价格＋（15%～20%）×耗材费

其中，零部件的价格由采购价格加上附加费组成，如果是出厂价，可以附加30%，如果零售价格，最高只能附加15%。维修费用预算中耗材费用的添加是根据车辆的等级标准来决定的，低档车辆附加15%，高档车辆可以上升20%。

以上这些费用的预算方法，完全适应车辆维修厂家的操作模式，如果是保险车辆的预算，一般都是损伤与维修费用综合填写，具体的单据格式，各保险公司和维修单位有所不同，但基本内容和表达的方式都是统一的。

车损费用预算报告的内容还包括以下几个方面：

（1）用户的基本信息。用户的基本信息包括车主的单位、车主的名称、车主的准确地址及其可靠的联系方式，这些信息的储存记录是为后来的维修工作提供方便，因为事故车辆在维修过程中，一些维修项目、维修费用、维修时间有发生变化的可能，需要及时通知车主现场确认，以便继续进行维修。

如果用户的车辆已经参保，还要向车主询问是否报案以及所投的保险公司名称与其联系方式，保单号、报案号及定损单，以便能及时通知该保险公司到场进行现场拆检并参与评估，对所做的车损预算报告予以确认。如果有待查伤情不明的部件，在得到认定后以便及时通知保险公司现场追认工时和费用。受损车辆承修厂除了将车辆修理好以外，还要认真做好每一项工作，必须考虑到各种可能性，保证各利益方的利益。

（2）汽车的基本信息。了解汽车的基本信息主要是为了维修上的方便，便于维修时的技术数据查询、零部件的购买。主要信息包括事故车辆的出厂年代、车辆的款式、车辆的型号、车身的类型、执照号、里程表行程数、车辆的识别代码、油漆代码和车身装饰材料颜色。不同年代款式的车辆，在一些零部件方面可能会有一些更新，一些技术数据也有所变动，在了解车辆的基本信息后，可以帮助你查找相应的维修手册。

另外，还要查看汽车的铭牌，轿车一般设置在发动机舱的前围板上面或中立柱下面，铭牌上面记录有车辆的基本信息，如车型代码、发动机类型及排量、车辆识别号或车架号、车身颜色代码、变速器代码、车轴代码、工厂名称代码等。

车辆的有些信息就像人的身份证一样，没有完全相同的，如汽车的车型代码，它就是每一台车辆的唯一身份标志，通过它可以找出车辆的基本车型代码、转向盘的位置、车型的名称、车身的类型、变速器的形式及等级、发动机的规格等。

车辆基本信息的查询备案对后来的很多工作都有很大的帮助，如从车辆的基本车型代码中可以找出车辆的制造年份，可以根据制造年份来查询车辆的维修手册，从维修手册上可以查询车身结构及涂装、发动机、底盘以及电气线路与零部件总成的维修技术数据。这对车辆的修复以及零部件与总成的采购都有很大的帮助。

(3)记录车辆的进厂日期以及计划完成所有修复任务的日期。

(4)列出车辆维修中可以利用的零部件以及修复中应该更换的新零部件。

(5)将所有的维修零部件、总成及耗材的金额和工时费用相加。

(6)在车损维修预算报告中,预算评估人员应使用专业的报告术语,如车辆检查、待检分析、总成拆检、拆卸安装、拆卸更换、切割更换、外协加工、四轮定位、整车测试等。

(7)车损维修费用预算单按规定应该制作三份,一份交给保险公司,一份交给车主,一份维修厂家自己保存。

(8)维修费用的收取的方式与方法,在损伤车辆费用预算过程中都必须注明清楚。如果事故车辆参加了保险,就必须注明该车的参保范围以及保险标的的赔付率,余额费用由谁来支付,不能简单地判断属车主支付,也许余额会存在第三方责任支付的问题。

另外,一个应该注意的地方就是车辆轻微损伤的小额维修费用的收取方式与方法,由于目前保险公司的保险条款有一个免赔范围,如果损伤范围较小,维修费用低于500元(目前行使的标准),尽管车辆定损时保险公司参与了评估和现场费用确认,但维修费用保险公司不予承担。对于这类情况的收取方式,一定要明确付款对象,是属于车主自理范围还是第三方赔付(车辆因第三方碰擦而受损),像这类情况的车辆,在维修预算时必须在得到保险公司以及车主对预算认可后,才能进行车辆的维修工作。

至于损伤车辆的维修费用收取方法,如果由第三方支付,维修之前必须预交预算保证金(保证金必须大于预算费用)或交清包干维修费(所有费用一次包干)。

如果损伤车辆的维修费用由车主自行支付,在车辆性能检验合格并得到车主的验收后,由车主一次性缴纳付清,门卫凭财务的缴费放行单放行车辆。所以,必须在碰撞车辆车损费用预算单上把维修费用的付款方式和方法加上备注。

(9)车损维修费用的预算也是为车辆维修工作制订作业顺序和作业计划提供依据,通常是根据维修费用预算单来制订维修作业工单,安排作业顺序以及确定维修范围。

(10)维修费用预算报告填写的顺序。在作车损费用预算报告以及一般维修预算时,都遵循一定的逻辑规律,评估人员一般从三个方面入手:从车辆的外部向内部的顺序检查填写;从车身的前面至后面检查填写;从损伤严重的区域向波及损伤区域检查填写。按照这样的检查顺序填写维修费用预算报告单能使人一目了然。

5 制订维修作业工单

维修作业工单是维修厂家内部制订的过程单据,目的是对各工种作业范围的确定,明确指定哪些是修复区域,哪些是更换范围以及作业范围的预算工时和各工种额定时间等。

维修作业工单不等同于维修费用预算评估报告单,维修作业工单首先是指定填写作业工种,确定维修技师,再确定维修范围。如果是修复作业,必须明确修什么,该怎么修以及列出的修复工作中,需要的各种耗材以及零部件的名称和数量。

如果是更换修复也要注明清楚更换作业的方式与方法,同时标明更换的板件、零部件及总成的名称、数量以及工作过程中需要的耗材等。这样做的目的是为了维修技师在修复工作中需凭借工作单去材料室领取需更换的板件、零部件、总成以及耗材等物资。

至于维修工时,也不是按维修费用预算评估报告单照抄,作业工单的工时应该接近于维修技师的实际工作量,并进行分项标出。这种方法在实际工作中使用的不多,一般都是将维修费用预算的工时列出,因为现在大部分4S店是按工单上工时的30%作为维修工资返回。

各工种的维修时间在作业工单上一定要明确,切不能以预算报告上的时间为准,因为预算报告上的时间包括了车辆实际维修时间、车辆在各工种之间的调度和配合时间、配件的采购与等待时间、外协加工时间、整车性能的检验测试与调试时间、整车清洁时间等。所以作业工单上的时间,一定是根据各工种的实际工作量评估的实际维修所需要工作时间。

在维修费用预算评估和维修工作单填写工作完成后,就可以将事故车辆交给维修技师进行维修作业,并对车辆的维修质量以及维修进度进行实时监控。

二、任务实施

项目1 受损车辆的检查与鉴定作业

① 项目说明

事故车辆的检查与鉴定是事故车辆进厂后的第一个环节,主要工作流程就是对损伤车辆的直接损伤和间接损伤部位的结构件、覆盖件、零部件以及总成进行损伤检查,避免受损部位漏检,并填写损伤检查表,为后续的工作做好准备。

② 技术标准与要求

(1)每个学员独立完成此项目。
(2)项目标准。在进行受损车辆的检查与鉴定时,要用目测检查和设备检查受碰撞影响部件的损伤情况,明确需要检查的范围和损伤的部件。

③ 设备器材

(1)承载式轿车。
(2)钢卷尺(5m)。
(3)不锈钢直尺。

④ 作业准备

(1)将受损的车身摆放在场地宽阔、光线充足的地方　　　　□ 任务完成
(2)准备损伤评估分析检查表　　　　　　　　　　　　　　□ 任务完成

⑤ 操作步骤

事故车辆损伤检查鉴定的流程如下所示:
(1)向车主询问事故基本情况。可以得到有关事故车辆的一些基本情况以及车辆碰撞

时的一些有用的信息，了解基本信息会对车辆碰撞损伤分析有所帮助，如图 5-26 所示。

（2）查看事故车辆的铭牌。轿车的铭牌位置，一般在前围板的左上角或中立柱下面，不过有的铭牌位置因车型与年份不同而发生变化，具体的位置参照车身维修手册，如图 5-27 所示。

图 5-26　询问车主事故基本情况　　　　　　　　图 5-27　查看车辆铭牌

从铭牌上可以得到如下信息：
① 车型代码；
② 发动机类型以及活塞排量；
③ 车辆识别号或车架号；
④ 车身颜色代码；
⑤ 内饰代码；
⑥ 变速器代码；
⑦ 车轴代码；
⑧ 工厂名称代码。

（3）查看发动机号码并拓印。这主要是作车损预算报告时，要将发动机的拓印号贴在保险公司的保险单的规定处，作为出险车辆的资格证据，以便进行索赔。

（4）查看车身（轿车）号码并拓印。这也是保险公司的一项规定，保险单上必须同时粘贴发动机和车身号码，这样才具备索赔资格。如果车主曾经更换过发动机或车身，却没有在车辆管理部门进行备案和对相关证件进行更正，即使车主投了保险，若车辆发动机号码或车身号码与相关证件不符车主也会丧失索赔资格。作为车损预算人员，如果没有把这些弄清楚，即使维修厂把事故车辆维修好了、车损预算报告做好了，保险公司也不会承认这个标的，因此车损预算人员必须做好上述工作，以便减少预算隐患。

（5）查看里程表的读数。通过将里程表的读数与使用年限相比较，从侧面可以知道车辆的日常使用情况，知道车身部件的疲劳程度，有利于寻找车辆的安全隐患，及时提醒车主某些部件虽然与碰撞无关，但根据车辆的使用情况，应该在车损预算外进行追加维修项目。另外，抄读记录里程表数时，必须车主在场，并让车主在记录单上进行签字确认，这是为了在碰撞车辆维修好、进行路试检测调整时，防止车主因读数变动而与维修厂引起纠纷，给维修厂家造成经济损失。

（6）检查车轮及轮胎。检查碰撞的车轮和轮胎的目的就是根据车辆出险后车轮与轮胎的状况,推断事发当时的车辆行驶情况以及驾驶员所采取的一些相关措施,有时还可以提供与碰撞相关的线索,并对碰撞车辆的损伤程度分析有所帮助,如图5-28所示。

(7)分析直接撞击力。观察第一碰撞部位,主要是查看碰撞角度、直接撞击力造成的受伤程度以及车身变形的倾向,以便于后来损伤程度的分析。

(8)撞击力的方向。直接撞击力的方向是决定碰撞车辆受伤程度的主要因素。如果直接撞击力通过了车身的质心,损伤就会严重;如果车辆受到撞击时,撞击力没有经过质心,撞击力会造成车辆的旋转和移动,给车辆造成的损伤相对较轻;如果追尾撞击,巨大的撞击力会在两车接触的一瞬间转化为极大的推动力,撞击带来的损伤较轻,但这必须是在两车同质量的前提下。

图5-28 检查车辆轮胎

(9)撞击力的传递。无论是承载式车身还是非承载式车身,当车辆发生碰撞时,撞击力都会沿着车身的构件成放射状对称地向前传递,只是因传递板件部位的材质刚度、截面积和形状不同,其受损伤的程度也有所不同。

(10)查看变形倾向。车辆受到碰撞后,其变形倾向会因撞击的部位、撞击的角度以及撞击力等因素影响而变化,另外承载式车身与非承载式车身在发生碰撞后,其变形倾向也是有规律性区别的。

(11)查找损伤板件与零部件。在查看变形倾向的同时,为防止勘查遗漏,顺便查看撞击力直接损伤区域和间接损伤区域以及撞击力波及区域的结构件、覆盖件、总成、零部件是否受损,并做好记录,工作完毕后,进行损伤分析登记表的填写,为后期的车辆损伤程度分析以及确定维修的方式方法做好基础。

(12)填写损伤分析登记表。填写损伤分析登记表的目的,就是在检查受损范围的时候将受损的部件、总成以及零部件进行登记,可以保证没有被忽略的受损区域和部件。

①查看车身上所有的车门与车身的配合间隙,是否与车身发生碰擦,开关是否自如以及门框上的应力集中区是否起皱、脱焊。
②查看发动机舱盖的形状和与周边的配合间隙是否发生变化。
③检查各板件之间配合间隙是否发生变化。
④检查天窗的定位以及活动情况。
⑤检查车门玻璃升降机的活动情况。

图5-29 检查车身玻璃损伤情况

⑥检查各部位玻璃的受损情况,如图5-29所示。
⑦检查翼子板、车身受撞击力波及的变形情况。
⑧检查车身尾部的变形情况。
⑨检查车身乘客室内部的仪表、座椅、安全带、安全气囊以及地板下面的受损情况。
⑩检查直接碰撞区域内部的受损情况。
⑪检查表面油漆的受损情况

⑫检查底盘的变形情况和液体渗漏情况。

⑬在以上部位检查完后,根据检查的记录,填写碰撞车辆损伤分析记录表,见表5-18。

碰撞车辆损伤分析记录表　　工单号：××××　　表5-18

车主	××	车牌号		车型	××	发动机号	
车身号				记录人	××	记录时间	
×		前保险杠	S			空调散热器	
×		头面进气格栅	○			空调电磁扇	
S		水箱支架	○			水箱	
○		前横梁	○			水箱风扇	
S		发动机舱盖	-			水泵/带轮/皮带	
S		左前翼子板	○			发动机总成/盖/体/油底壳	
S		左前翼子板加强梁	○			曲轴带轮	
S		左前翼子板内衬	S			发动机支架	
○		右前翼子板	○			变速器总成	
○		右前翼子板加强梁	○			变速器支撑	
○		右前翼子板内衬	○			转向系统	
S		左前纵梁	○			刹车系统/管路	
○		右前纵梁	○			制动盘/卡钳/鼓	
○		前下裙边	○			前悬架	
B		左前门	○			ABS系统	
B		左后门	○			轴承/轮毂组件	
○		右前门	○			离合系统	
○		右后门	○			减振器总成	
○		行李舱盖	○			支撑支架	
B		左前立柱	○			弹簧	
B		左中立柱	○			控制臂和支撑杆	
○		左后立柱	○			前驱动轴	
○		右前立柱	○			轴总成	
○		右中立柱	○			轴	
○		右后立柱	○			CV(等速)接头	
○		车身顶盖	○			保护罩	
S		左尾幅(后翼子板)	○			空调冷凝器	
○		右尾幅(后翼子板)	○			压缩机/带/轮	
S		后围板	○			干燥器	
○		左侧门槛板	○			蒸发器	
○		右侧门槛板	○			鼓风机电动机	
○		车身地板	-			空调线路/管路	
S		行李舱地板	-			起动机	
○		左后纵梁	○			发电机	
○		右后纵梁	○			组件/支架/带/轮	

续上表

车主	××	车牌号		车型	××	发动机号	
车身号				记录人	××	记录时间	
○	铭牌/主/厂/副		○		催化转换器	
○	全车饰条		○		排气管	
○	左后视镜		○		消声器	
○	右后视镜		○		主计算机单元	
○	内视镜		○		点火线圈	
-	前照灯总成/左/右		○		分电器电容	
○	尾灯总成/左/右		○		钢圈	
-	雾灯总成/左/右		○		轮胎	
○	翼子板信号灯/左/右		○		备胎	
○	牌照灯		○		车轮罩	
○	车顶灯		○		空气泵	
○	行李舱灯		○		蒸气过滤器	
○	发动机舱盖锁		○		行李舱锁	
○	前门锁/左/右		○		后门锁/左/右	
-	风窗玻璃/前/后		○		前门玻璃/左/右	
-	后门玻璃/左/右		○		车身三角玻璃/左/右	
○	前门三角玻璃/左/右		○		后门三角玻璃/左/右	

备注:表中未列项目在备注中填写
说明:完好○ 破损- 缺失× 表面受伤B 变形S 碰撞缺失※

项目2 分析损伤程度作业

1 项目说明

事故车辆损伤程度的分析与鉴定是事故车辆进厂后的第二个环节,主要工作流程就是对损伤车辆的直接损伤和间接损伤部位的结构件、覆盖件、零部件以及总成进行损伤程度的分析与鉴定,并同时填写维修项目清单和零配件更换项目清单,此过程要求对受损部位和部件的受损程度进行精确的判断并做好记录,为填写车损维修费用预算单及机动车辆保险损伤情况认定书做好准备。

2 技术标准与要求

(1)每个学员独立完成此项目。
(2)项目标准:

进行受损车辆的损伤程度检查与鉴定,要用目测检查、测量工具及设备检查受碰撞影响的部件的损伤情况,并确定检查范围内结构件、覆盖件、零部件及总成的损伤程度,根据维修工艺决定其维修方法。

3 设备器材

(1)承载式轿车。

(2)钢卷尺(5m)。

(3)不锈钢直尺。

(4)相关测量设备及测量工具。

4 作业准备

(1)将受损的车身摆放在宽阔、光线充足的场地　　　　　□ 任务完成

(2)准备机动车车损维修项目清单　　　　　　　　　　　□ 任务完成

(3)准备机动车车损零配件更换项目清单　　　　　　　　□ 任务完成

5 操作步骤

(1)事故车辆损伤程度分析与鉴定。分析损伤程度是在检查出损伤部位及零部件后进行的工作,这个工作过程可以邀约有关方面的维修技师,一同进行拆检分析与损伤评估。这样可以保证损伤评估以及维修费用的公正性,同时可以提高评估效率,如图5-30a)~图5-30f)所示。

a)下肢臂损伤诊断　　　b)发电机脚断裂诊断

c)倒车雷达损伤诊断　　d)ABS损伤诊断

e)暖风机损伤诊断　　　f)前轮轴头损伤诊断

图5-30　事故车辆损伤程度分析与鉴定

(2)确定板件维修区域。损伤板件维修区域的确定,除从板件维修后的使用时间和经济效益等方面考虑外,还要考虑板件的可维修性,钢板表面没有过度的损伤和褶皱,如图5-31a)、图5-31b)所示。

a)车身外板损伤　　　　　　　　　　b)前立柱褶皱

图5-31　确定板件维修区域

(3)确定拆装更换板件。车身可拆装的板件如果受损过于严重,应予以更换,如大面积贯穿性洞伤、长撕裂性损伤及钢板形成死褶等,这几种情况因为修复费用过高而且质量不能得到保证,因此应予以更换,如图5-32所示。

(4)确定切割更换板件。一些与车身焊为一体的覆盖件,如果受到上述损伤以及结构件受到损伤,不能通过冷拉拔作业修复其原来尺寸、形状,为了保证整车的性能和维修质量,必须进行切割更换,如图5-33所示。

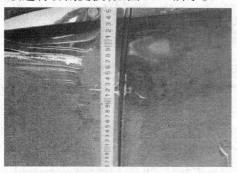 

图5-32　长撕裂性损伤　　　　　　图5-33　后翼子板受损严重需切割更换

(5)确定外协加工部件。当车辆受到撞击后,一些需要维修的零部件及总成如果本厂不具备维修条件,而周边有具备受损部件维修资质的专业维修店时,可以确定进行外协加工,如图5-34所示。

(6)确定机电维修项目。机电维修项目除了一些总成、零部件及线路的维修外,大部分工作是配合车身修复作业而进行的拆装以及整车性能的测试和调整,如图5-35、图5-36所示。

(7)确定零部件更换项目。在维修项目确定后,需邀请各项目的维修技师对受伤的零部件进行

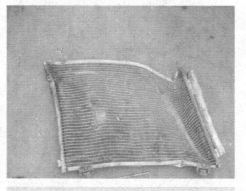

图5-34　确定外协加工部件

损伤程度鉴定,对不可修复的零部件进行确认登记,如图 5-37,图 5-38 所示。

图 5-35　管线维修

图 5-36　配合拆装

图 5-37　空调压缩机破损确认

图 5-38　发电机破损确认

（8）确定油漆的修复范围及难度。车身结构件和覆盖件一旦受损必须进行油漆的涂装,车身涂装原则上是整个板面一同进行,这样可以避免色差缺陷。至于涂装修复难度的评估,是根据每一块板件从底材处理到面漆的喷涂之间所付出的劳动强度和作业时间作为依据,如图 5-39～图 5-42 所示。

图 5-39　天窗旁漆面受损

图 5-40　顶盖中段漆面受损

学习任务 5　车身维修定价

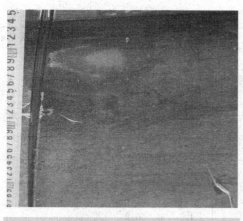

图 5-41　前侧车身漆面受损

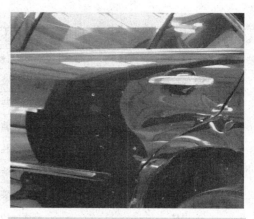

图 5-42　后侧车身漆面受损

6　记录与分析

（1）机动车车损维修项目清单填写见表 5-19。

×××汽车维修站机动车车损维修项目清单　　　　　表 5-19

车主	××	车牌号：	×××××	车型	××	预算员	××	填报时间	××××××
维修工种	修理项目			项目性质		等级	维修工时	备注	
钣金	左前纵梁			拉伸修复		B	2.0		
	左前翼子板			更换调整		—	—		
	左前翼子板加强梁			拉伸修复		B	2.0		
	左前翼子板隔板			拉伸修复		A	1.0		
	水箱支架			拉伸修复		B	2.0		
	左前立柱			拉伸修复		A	1.0		
	左中柱			表面修复		50B	0.8		
	车顶盖及外侧板			表面修复		2000A	1.6		
	左前车门			表面修复		60B	0.8		
	左后车门			表面修复		90C	0.9		
	左后翼子板（后尾幅）			切割修复		—	6.0		
	行李舱左内侧板			拉伸修复		B	2.0		
	后围板			拉伸修复		B	2.0		
	后保险杠			支架修复		B	2.0		
	发动机罩			更换		—	0.3		
	前保险杠			更换		—	0.5		
	左后门玻璃			更换		—	1.0		
	车身矫正基本工时			—			6.0		

续上表

车主	××	车牌号:	×××××	车型	××	预算员	××	填报时间	××××××
维修工种		修理项目		项目性质		等级	维修工时	备注	
油漆		前保险杠(新)		表面涂装		1/1	2.2		
		发动机舱盖(新)		表面涂装		1/1	2.2		
		左前翼子板(新)		表面涂装		1/1	1.2		
		左前翼子板加强梁及隔板		内部涂装		1/1	0.5		
		水箱支架		表面涂装		1/1	1.2		
		左前立柱		表面涂装		1/2	0.8		
		左中柱		表面涂装		1/2	0.8		
		车顶盖及外侧板		表面涂装		1/2	3.2		
		左前车门		表面涂装		1/1	2.5		
		左后车门		表面涂装		1/1	2.5		
		左后翼子板(新)		表面涂装		1/1	2.9		
		行李舱左侧内板		内部涂装		1/2	0.5		
		后围板(内、外)		表面涂装		1/1	3.4		
		后保险杠		表面涂装		1/1	3.3		
		调油漆工时		—		—	1.5		
		烤漆房准备时间		—		—	0.5		
机电		发电机		更换		—	0.5		
		空调系统		维修		—	5.0		
		前照灯		更换		—	0.3		
		安全气囊		更换		—	2.0		
		发动机		拆装		—	4.0		
		变速器		拆装		—	2.0		
		悬架系统		拆装		—	3.0		
		整车调试		—		—	4.5		
		四轮定位		—		—	2.5		
外加工		空调散热器		矫正修复		—	—		
		前风窗玻璃		包安装		—	—		

注:1. 是否包括辅助工时应在备注中填写清楚;

2. A,B,C 是表示受伤程度等级;

3. 受伤程度等级前面的数字表示钣金修复面积;

4. 1/1,1/2 是表示油漆修复面积。

(2)机动车车损零配件更换项目清单填写见表5-20。

×××汽车维修站机动车车损零配件更换项目清单　　　　表5-20

车主	××	车牌号	×××××	车型	××	预算员	××	填报时间	××××××
序号		零配件名称		单位		数量		备注	
1		前保险杠		条		1			
2		左前雾灯		个		1			
3		左前翼子板		块		1			
4		进气格栅		个		1			
5		发动机舱盖		个		1			
6		发动机舱盖支架		个		2			
7		空调软管		支		2			
8		空调压缩机		个		1			
9		左前照灯总成		个		1			
10		发电机		个		1			
11		安全气囊		个		1			
12		后翼子板（后尾幅）		块		1			
13		前风窗玻璃		块		1			
14		左后门玻璃		块		1			

注：1. 零配件价格的附加按有关主管部门规定执行；
　　2. 零配件的型号在备注里加以注明，以便备件库查询价格。

项目3　车损维修费用预算作业

1　项目说明

事故车辆维修费用预算是事故车辆进厂后的第三个环节，其工作流程是将受损车辆维修所需要的工时以及零部件、耗材在综合评估后进行汇总，然后将工时和工费率换算成工时费与零部件及耗材等费用一起进行预算，并填写车损维修费用预算清单。如果事故车辆属于参保车辆，还要填写或协助保险公司的定损人员填写机动车辆保险损伤情况认定书。

2　技术标准与要求

（1）每个学员独立完成此项目。
（2）项目标准：
在对受损车辆的损伤程度进行了检查测量和鉴定评估后，确定了结构件、覆盖件、零部件及总成的损伤程度，根据维修工艺、维修方法，维修工时及维修材料与耗材进行维修费用的预算，并填写车损维修费用预算清单及机动车辆保险损伤情况认定书。

3 设备器材

(1)办公电脑。
(2)计算器。

4 作业准备

(1)车损维修预算清单　　　　　　　　　　　　　　　　□ 任务完成
(2)机动车辆保险损伤情况认定书　　　　　　　　　　　□ 任务完成

5 操作步骤

(1)将车损维修需要使用的零配件清单交给备件库管理人员,让其填写好零配件出库清单及价格,出库零配件清单填写见表5-21。

×××维修站出库零配件清单　　　　　　　　　　　　　　　表5-21

车主:×× 车型:×× 车牌:××××× 共×页第×页

序号	零部件名称	单位	数量	单价(元)	附加率(%)	金额(人民币/元)
1	前保险杠	条	1	556.00	20	667.00
2	左前雾灯	个	1	100.00	—	120.00
3	左前翼子板	块	1	386.00	—	463.00
4	进气格栅	个	1	158.00	—	190.00
5	发动机舱盖	个	1	548.00	—	658.00
6	发动机舱盖支架	个	2	64.00	—	154.00
7	空调软管	支	2	320.00	—	768.00
8	空调压缩机	只	1	960.00	—	1152.00
9	左前照灯总成	个	1	860.00	—	1032.00
10	发电机	只	1	1680.00	—	2016.00
11	安全气囊	个	1	2680.00	—	3216.00
12	后翼子板(后尾幅)	块	1	1260.00	—	1512.00
13	左后门玻璃	块	1	430.00	—	512.00
14	前风窗玻璃	块	1	(外加工)	(包拆装)	1620.00
15	金属漆	升	1.2	180.00	—	259.00
16	清漆	升	1.0	150.00	—	180.00
17	钣金辅助材料	—	—	—	—	50.00
18	油漆辅助材料	—	—	—	油漆×50%	220.00
19	机电辅助材料	—	—	—	—	100.00
20	合计					

(2)将确定的维修工时报给财务填写维修工时预算清单并代入工费率把金额算出,维修工时预算单填写见表5-22。

×××× 维修站维修工时预算单 表5-22

车主：×× 车型：×× 车牌：××××× 共×页 第×页

作业工种	维修项目	修复类型	等级	修复工时	辅助工时	合计工时	工费率（元）	工时费（元）
钣金	左前纵梁	拉伸修复	B	2.0	1.5	3.5	100.00	350.00
	左前翼子板	更换调整	—	0.3	—	—	—	30.00
	左前翼子板加强梁	拉伸修复	B	2.0	—	—	—	200.00
	左前翼子板隔板	拉伸修复	A	1.0	0.5	1.5	—	150.00
	水箱支架	拉伸修复	B	2.0	1.0	3.0	—	300.00
	左前立柱	拉伸修复	A	1.0	—	—	—	100.00
	左中柱	表面修复	50B	0.8	—	—	—	80.00
	顶盖及外侧板	表面修复	2000A	1.6	—	—	—	160.00
	左前车门	表面修复	60B	0.8	0.5	1.3	—	130.00
	左后车门	表面修复	90C	0.9	0.5	1.4	—	140.00
	左后翼子板	切割修复	—	6.0	1.0	7.0	—	700.00
	左后行李舱内侧板	拉伸修复	B	2.0	0.2	2.2	—	220.00
	后围板	拉伸修复	B	2.0	0.2	2.2	—	220.00
	后保险杠	支架修复	B	2.0	—	—	—	200.00
	发动机舱盖	更换	—	0.3	0.2	0.5	—	50.00
	前保险杠	更换	—	0.5	0.2	0.7	—	70.00
	左后门玻璃	更换	—	1.0	—	—	—	100.00
	进气格栅	更换	—	0.2	—	—	—	20.00
	发动机舱盖支架	更换	—	0.5	—	—	—	50.00
	车身矫正基本工时	—	—	6.0	—	—	—	600.00
油漆	前保险杠（新）	表面涂装	1/1	2.2	—	—	—	220.00
	发动机舱盖（新）	表面涂装	1/1	2.2	—	—	—	220.00
	左前翼子板（新）	表面涂装	1/1	1.2	—	—	—	120.00
	左前纵梁	内部涂装	—	0.2	—	—	—	20.00
	左前翼子板隔板	内部涂装	—	0.5	—	—	—	50.00
	左前翼子板加强梁	内部涂装	—	0.5	—	—	—	50.00
	水箱支架	表面涂装	1/1	1.2	—	—	—	120.00
	左前立柱	表面涂装	1/2	0.8	—	—	—	80.00
	左中柱	表面涂装	1/2	0.8	—	—	—	80.00
	顶盖及外侧板	表面涂装	1/2	3.2	—	—	—	320.00
	左前门	表面涂装	1/1	2.5	—	—	—	250.00
	左后门	表面涂装	1/1	2.5	—	—	—	250.00
	左后翼子板（新）	表面涂装	1/1	2.9	—	—	—	290.00
	行李舱左侧内板	内部涂装	1/2	0.5	—	—	—	50.00
	后围板	表面涂装	1/1	2.7	—	—	—	270.00
	后保险杠	表面涂装	1/1	3.3	—	—	—	330.00
	调油漆工时	—	—	1.5	—	—	—	150.00
	烤漆房准备时间	—	—	0.5	—	—	—	50.00

续上表

作业工种	维修项目	修复类型	等级	修复工时	辅助工时	合计工时	工费率（元）	工时费（元）
机电	发电机	更换	—	0.5	—	—	—	50.00
	空调系统	更换维修	—	5.0	—	—	—	500.00
	前照灯	更换	—	0.3	—	—	—	30.00
	雾灯	更换	—	0.2	—	—	—	20.00
	安全气囊	更换	—	2.5	—	—	—	250.00
	发动机	拆装	—	4.0	—	—	—	400.00
	变速器	拆装	—	2.0	—	—	—	200.00
	悬架系统	拆装	—	3.0	—	—	—	300.00
	整车测试调整	—	—	4.5	—	—	—	450.00
	四轮定位调整	—	—	2.5	—	—	—	250.00
外协加工	空调散热器	矫正修复	—	—	—	—	—	120.00
	前风窗玻璃	（包安装）	—	—	—	—	—	—
合计								

注：工费率请参考各地区的工费率标准，此表为了方便计算设置100元。

（3）按照填好的出库零配件清单和维修工时预算清单的项目及金额，进行车损维修费用预算清单的填写，填写方法见表5-23。

车损维修费用预算清单　　编号：000518　　表5-23

姓名	××	地址	××	电话	×××××××	接车时间	×××××	交车时间	××××××
车型	××	车牌号	××××××	发动机号	×××××××××		车架号		×××××

维修项目	零部件材料费用	钣金工时费用	油漆工时费用	机电工时费用
左前纵梁	—	350.00	20.00	—
左前翼子板	463.00	30.00	120.00	—
左前翼子板加强梁	—	200.00	50.00	—
左前翼子板隔板	—	150.00	50.00	—
水箱支架	—	300.00	120.00	—
左前立柱	—	100.00	80.00	—
左中立柱	—	80.00	80.00	—
顶盖及外侧板	—	160.00	320.00	—
左前车门	—	130.00	250.00	—
左后车门	—	140.00	250.00	—
左后翼子板（新）	1512.00	700.00	290.00	—
行李舱左侧内板	—	220.00	50.00	—
后围板	—	220.00	270.00	—
后保险杠	—	200.00	330.00	—

续上表

姓名	××	地址	××	电话	××××××	接车时间	××××××	交车时间	××××××
车型	××	车牌号	××××××	发动机号	××××××××		车架号		×××××
维修项目		零部件材料费用		钣金工时费用		油漆工时费用		机电工时费用	
发动机舱盖(新)		658.00		50.00		220.00		—	
前保险杠(新)		667.00		70.00		220.00		—	
左后门玻璃		512.00		100.00		—		—	
钣金基本工时		—		600.00		—		—	
油漆调油工时		—		—		150.00		—	
烤漆房准备工时		—		—		50.00		—	
左前雾灯		120.00		—		—		20.00	
进气格栅		190.00		20.00		—		—	
发动机舱盖支架(2个)		154.00		50.00		—		—	
空调软管(2支)		768.00		—		—		60.00	
压缩机		1152.00		—		—		20.00	
左前照灯		1032.00		—		—		30.00	
发电机		2016.00		—		—		20.00	
安全气囊		3216.00		—		—		250.00	
前风窗玻璃		1620.00		(包拆装)		—		—	
发动机拆装		—		—		—		400.00	
变速器拆装		—		—		—		200.00	
悬架系统拆装		—		—		—		300.00	
整车性能测试		—		—		—		450.00	
四轮定位		—		—		—		250.00	
散热器矫正		—		120.00		—		—	
金属油漆		259.00		—		—		—	
清漆		180.00		—		—		—	
钣金辅助材料		50.00		—		—		—	
油漆辅助材料		220.00		—		—		—	
机电辅助材料		100.00		—		—		—	
小计		14212.00		3990.00.00		2920.00		2000.00	
总计预算费用		人民币：贰万叁仟壹佰贰拾贰元整 （￥:23122.00元）							

说明：此预算以首次检查为依据，如果在以后维修中发现以前未列入维修项目中的损伤部位及零部件，需要变更维修项目应及时通知车主，在得到确认后，应另行补充或更换维修项目清单，交车时间顺延。

车主签字：　　　　　承修方签字：

（4）机动车辆保险损伤情况认定书的填写见表5-24。

×××财产保险股份有限公司
机动车辆保险损伤情况认定书

表 5-24

车主：××			赔案号：××××××××××		
牌照号码	××．×××××	肇事车保单号码	0××7441901020335000×××		
发动机号	××××××××××	底盘号(VIN)	××××××××××××××		
厂牌型号	××××××	出险时间	×年×月×日×时×分	保险险别	□车损险　□三者险
初次登记年月	2004-06	安全装置	□安全气囊　□ABS系统	变速器形式	□自动　□手动
更换配件名称	数量	配件价格	修理项目		工时费
前保险杠	1	667.00	事故拆装：发动机、变速器、悬架系统（工时已列入机电项目）		—
左前照灯	1	1032.00			
左前雾灯	1	120.00			
左前翼子板	1	463.00	事故钣金：左前纵梁、前翼子板与加强梁及隔板、水箱支架、左立柱、左中柱、顶盖、左前门、左后门、左后翼子板、后围板等（具体以维修清单为准）		6910.00
进气格栅	1	190.00			
发动机舱盖	1	658.00			
发动机舱盖支架	2	154.00			
空调软管	2	768.00			
空调压缩机	1	1152.00			
发电机	1	2016.00			
安全气囊	1	3216.00			
油漆	2.2	439.00	事故油漆：涂装项目与钣金板件修复项目雷同（具体以维修清单为准）		
钣金辅助材料	—	50.00			
油漆辅助材料	—	220.00			
机电辅助材料	—	100.00	事故机电：发电机、空调系统、安全气囊、左前照灯、左前雾灯等（具体以维修清单为准）		2000.00
材料费小计：14212.00元			工时费小计：8910.00元		
扣残值：			总计金额：		

1. 经甲乙丙丁四方协商，完全同意按以上核定的价格修理。总计工料费人民币×佰×拾贰万叁仟壹佰贰拾贰元×角×分（￥：23122.00元）。

2. 乙方按以上核定项目保质保量修理，且履行以上核定的修理及换件项目，如有违背，甲方有权向乙方追回价格差额。若有核定项目有明显遗漏的，乙方需经甲方同意认可签字后，方可追加修理项目，否则甲方拒绝赔偿追加部分。

3. 乙方保证在7日内保质保量按时完成修理；若违约，愿意赔偿因拖延时间或修理质量问题而造成丙方的利润损失。

4. 丙方(丁方)对以上核定的修理项目和价格无任何异议。如存在修理质量问题或价格超标，由乙方负全部责任。

5. 其他约定：

乙方(修理厂)签章： ×××维修站(公章) ××年××月××日	丙方(车方)签章： ××(签章) ××年××月××日	丁方(第三者)签章： 年　月　日	甲方(保险公司)签章： ××保险公司(公章) 查勘定损人：×× 核价人：××　××年××月××日

三、学习评价

1 理论考核

1) 分析题
(1) 简述车损预算工时的组成部分。
(2) 分析车身结构与变形倾向的关系。
(3) 简述车损预算的操作要领。
(4) 简述车损预算员应具备的知识能力。

2) 判断题
(1) 车损预算员在作车损预算报告时应该独立行使职能。　　　　　　　　　　(　)
(2) 有经验的预算员在做损伤检查时,直接查看撞击部位就可以进行定损。　(　)
(3) 为了保证作业工期,增加维修项目时,应该遵从先维修后协商的原则。　(　)
(4) "顾客至上",在作保险车辆损伤预算时,应本着顾客至上的原则,更换零部件应尽量满足车主的要求。　　　　　　　　　　　　　　　　　　　　　　　(　)

3) 选择题
(1) 碰撞车辆进厂后,第一步应该做的工作是(　　)。
　　A. 拆检分析　　　　　　　　B. 外伤分析
　　C. 内外装部件检查登记　　　D. 损伤会诊
(2) 承载式车身的变形倾向一般为(　　)。
　　A. 菱形变形　　B. 弯曲变形　　C. 翘曲变形　　D. 膨胀变形
(3) 关于车身结构件(高强度钢)的维修更换标准,应着重考虑的是(　　)。
　　A. 维修工艺　　B. 难易度　　C. 经济性　　D. 耐用性
(4) 车身碰撞力传递的形式一般为(　　)。
　　A. 结构件传递　B. 覆盖件传递　C. 对称传递　D. 纵梁传递

2 技能考核

项目1　受损车辆的检查与鉴定作业(表5-25)

受损车辆的检查与鉴定作业项目评分表　　　　　　　表5-25

基本信息	姓名		学号		班级		组别	
	规定时间		完成时间		考核日期		总评成绩	

任务工单	序号	步骤	完成情况		标准分	评分
			完成	未完成		
	1	考核准备 测量设备与工具 相关表格			10	

续上表

	序号	步骤	完成情况		标准分	评分
			完成	未完成		
任务工单	2	操作流程			10	
	3	操作顺序			5	
	4	检查方法			5	
	5	外装饰部件的受损检查			5	
	6	内装饰部件的受损检查			5	
	7	覆盖件的受损检查			5	
	8	结构件的受损检查			5	
	9	零部件的受损检查			10	
	10	量化规范			5	
安全					5	
5S					5	
沟通表达					5	
工单填写					10	
工艺制订					10	

项目2 分析损伤程度作业（表5-26）

分析损伤程度作业项目评分表　　　　　表5-26

基本信息	姓名		学号		班级		组别	
	规定时间		完成时间		考核日期		总评成绩	

	序号	步骤	完成情况		标准分	评分
			完成	未完成		
任务工单	1	考核准备 测量设备与工具 相关表格			10	
	2	操作流程			10	
	3	操作顺序			5	
	4	检查方法			5	
	5	直接碰撞区域的伤情确定			5	
	6	间接受损区域的伤情确定			5	
	7	波纹效应损伤区域的伤情确定			5	
	8	维修项目清单的填写			10	
	9	零部件项目清单的填写			5	
	10	量化规范			5	
安全					5	
5S					5	
沟通表达					5	
工单填写					10	
工艺制订					10	

项目3　车损维修费用预算作业（表5-27）

车损维修费用预算作业项目评分表　　　　　　　　　表5-27

基本信息	姓名		学号		班级		组别	
	规定时间		完成时间		考核日期		总评成绩	

	序号	步骤	完成情况		标准分	评分
			完成	未完成		
任务工单	1	考核准备 办公电脑与计算器 相关表格			10	
	2	操作流程			10	
	3	操作顺序			5	
	4	检查方法			5	
	5	零部件价格的汇总预算			5	
	6	钣金工时的汇总预算			5	
	7	油漆工时的汇总预算			5	
	8	机电工时的汇总预算			5	
	9	正确填写车损维修费用预算清单			10	
	10	量化规范			5	
安全					5	
5S					5	
沟通表达					5	
工单填写					10	
工艺制订					10	

四、拓展学习

1　车辆维修任务下达单

车损维修费用预算清单制作完成并经过车主的签字确认后即刻生效，随后将车辆交付维修车间进行维修。在车辆交付给有关工种的技师维修之前，应先做好车辆维修任务下达单的工作，将车损维修费用预算清单里面的维修项目、维修工时以及需要更换的零部件进行量化细分，落实到各工种，要注明维修班组并指定岗位技师，标明承修的车型、车牌号以及维修类型等，计划填写应具体明了，使其明确自己承担的维修范围和需要更换部件的名称及数量，确保维修工作顺利进行。

1）明确维修时间和任务

（1）车辆维修任务下达单首先要明确维修时间，注明各工种的接车时间及交车时间，以利于各工种的维修技师自己掌握维修进度。

(2)明确各工种的任务,在车辆维修任务下达单上,必须注明各工种的维修任务、所承修的范围以及各修复部位的修复方式。

(3)明确各工种修复部位应更换的部件以及部件更换的方式和方法,如拆装更换还是切割更换。

(4)明确各工种所承修车辆确定维修的车身及部件明细工时,使各工种维修技师知道自己在该车的工作量。

(5)明确各工种维修中的辅助工时,使该工种的维修技师能按照维修工序,做到合理地安排每一道工序,充分地利用维修时间。

(6)通过以上几个方面任务的明确下达,以便各工种维修技师在修复过程中,能及时发现任务下达单上没有涉及的而应该修理的部位及部件,当超出维修范围时,知道及时呈报、及时通知车主、及时追加维修项目和维修费用。

2)明确应更换零部件的名称与数量

(1)车辆维修任务下达单上须注明各工种所承修车辆要更换的零部件以及数量,避免零部件的浪费和流失。

(2)明确各工种在车辆维修过程中需要使用和消耗的辅助材料,控制生产运作成本。

(3)强调更换下来的零部件清点回收入库、集中管理,以方便保险公司查询或车主索取,避免发生纠纷。

(4)车辆维修过程中,对于所有需要更换的零部件以及耗材,维修技师都必须凭车辆维修任务下达单到备件库办理出库手续,领取所需,在领取的时候维修技师必须当面对零部件以及耗材的规格型号进行确认,同时检查是否有破损和变形等情况。

2 车辆维修任务下达单的填写

1)钣金维修任务下达单

车辆维修任务下达单钣金维修工单见表5-28。

表5-28 ×××汽车维修站车辆维修任务下达单

承修组别	钣金一组	主修师	××	承修车型	××××	承修车牌号	×××××
接车时间				交车时间		维修类型	事故修理
	维修项目		修复方式		工时费(元)		备注
	左前纵梁		拉伸修复		350.00		包辅助工时
	左前翼子板		更换调整		30.00		包辅助工时
	左前翼子板加强梁		拉伸修复		200.00		包辅助工时
	左前翼子板隔板		拉伸修复		150.00		包辅助工时
	水箱支架		拉伸修复		300.00		包辅助工时
	左前立柱		拉伸修复		100.00		包辅助工时
	左中柱		表面修复		80.00		包辅助工时
	顶盖及外侧板		表面修复		160.00		包辅助工时
	左前车门		表面修复		130.00		包辅助工时

续上表

承修组别	钣金一组	主修师	××	承修车型	××××	承修车牌号	×××××
接车时间				交车时间		维修类型	事故修理
维修项目				修复方式	工时费(元)		备注
左后车门				表面修复	140.00		包辅助工时
左后翼子板				切割修复	700.00		包辅助工时
行李舱左侧内板				拉伸修复	220.00		包辅助工时
后围板				拉伸修复	220.00		包辅助工时
后保险杠				支架修复	200.00		包辅助工时
发动机罩				更换	50.00		包辅助工时
前保险杠				更换	70.00		包辅助工时
左后门玻璃				更换	100.00		包辅助工时
进气格栅				更换	20.00		包辅助工时
发动机舱盖支架(2支)				更换	50.00		包辅助工时
车身矫正基本工时				—	600.00		—

凭维修任务下达单到备件库领取下列零部件及车身板件：
左前翼子板1块、左后翼子板1块、发动机舱盖1个、前保险杠1条、左后门玻璃1块、进气格栅1个、发动机舱盖支架2支、发动机罩隔热棉卡6个、保险杠卡6个、玻璃胶1支(密封用胶)。

说明：维修类型包括常规修理、事故修理、保修、返修四种类型；
更换下来的零部件应清理、清点、归类放入废件库；
各工种技师在维修过程中如发现遗漏项目，应及时呈报预算人员

2) 油漆维修任务下达单
车辆维修任务下达单油漆维修工单见表5-29。

×××汽车维修站车辆维修任务下达单   表5-29

承修组别	油漆一组	主修师	××	承修车型	××××	承修车牌号	×××××
接车时间				交车时间		维修类型	事故修理
维修项目				修复方式	工时费(元)		备注
前保险杠(新)				表面涂装	220.00		包辅助工时
发动机舱盖(新)				表面涂装	220.00		包辅助工时
左前翼子板(新)				表面涂装	120.00		包辅助工时
左前纵梁				内部涂装	20.00		包辅助工时
左前翼子板隔板				内部涂装	50.00		包辅助工时
左前翼子板加强梁				内部涂装	50.00		包辅助工时
水箱支架				表面涂装	120.00		包辅助工时
左前立柱				表面涂装	80.00		包辅助工时
左中柱				表面涂装	80.00		包辅助工时
顶盖及外侧板				表面涂装	320.00		包辅助工时
左前门				表面涂装	250.00		包辅助工时
左后门				表面涂装	250.00		包辅助工时
左后翼子板(新)				表面涂装	290.00		包辅助工时

续上表

承修组别	油漆一组	主修师	××	承修车型	××××	承修车牌号	×××××
接车时间			交车时间			维修类型	事故修理
维修项目			修复方式		工时费(元)		备注
行李舱左侧内板			内部涂装		50.00		包辅助工时
后围板			表面涂装		270.00		包辅助工时
后保险杠			表面涂装		330.00		包辅助工时
调油漆工时			—		150.00		包辅助工时
烤漆房准备时间					50.00		—

凭维修任务下达单到备件库领取下列零部件及车身板件：
专用稀释剂 500mL、稀释剂（清洗用）1000mL、遮蔽纸 1 卷、纸胶带 4 卷、纸漏斗 3 个、擦拭纸 1/4 卷、吸尘吸尘布 6 块、60 号砂纸 2 张、80 号砂纸 2 张、120 号砂纸 4 张、240 号砂纸 4 张、360 号砂纸 4 张、600 号砂纸 4 张、1500 号砂纸 4 张、金属漆 1.2L、清漆 1.0L

说明：维修类型包括常规修理、事故修理、保修、返修四种类型；
　　　更换下来的零部件应清理、清点归类放入废件库；
　　　各工种技师在维修过程中如发现遗漏项目，应及时呈报预算人员

3) 机电维修任务下达单

车辆维修任务下达单机电维修工单见表 5-30。

×××汽车维修站车辆维修任务下达单　　　　　　表 5-30

承修组别	机电一组	主修师	××	承修车型	××××	承修车牌号	×××××
接车时间			交车时间			维修类型	事故修理
维修项目			修复方式		工时费(元)		备注
发电机			更换		50.00		包辅助工时
空调系统			更换维修		500.00		包辅助工时
前照灯			更换		30.00		包辅助工时
雾灯			更换		20.00		包辅助工时
安全气囊			更换		250.00		包辅助工时
发动机			拆装		400.00		包辅助工时
变速器			拆装		200.00		包辅助工时
悬架系统			拆装		300.00		包辅助工时
整车测试调整			—		450.00		包辅助工时
四轮定位调整					250.00		包辅助工时

××年×月××日上午 8 时～12 时为机电工种拆除时间，××年×月××日上午 12 时～×月××日下午 4 时为维修安装调整时间

凭维修任务下达单到备件库领取下列零部件及车身板件：
发电机 1 个、空调压缩机 1 个、空调软管 2 支、前照灯 1 只、雾灯 1 只、安全气囊 1 个、制冷剂 4 罐、电工胶布 1 卷

说明：维修类型包括常规修理、事故修理、保修、返修等四种类型；
　　　更换下来的零部件应清理、清点归类放入废件库；
　　　各工种技师在维修过程中如发现遗漏项目，应及时呈报预算人员

参考文献

[1] 袁杰.车身结构及附属设备[M].北京:人民交通出版社,2010.
[2] 李远军.汽车车身焊接技术[M].北京:人民交通出版社,2009.
[3] 孙五一.车身检测与校正[M].北京:高等教育出版社,2005.
[4] 宁建华.车身检测与校正[M].北京:人民邮电出版社,2011.
[5] 姜勇.汽车车身修复技术[M].北京:电子工业出版社,2010.
[6] 曾鑫.汽车车身修复[M].北京:化学工业出版社,2010.
[7] 李远军.汽车涂装技术[M].北京:北京理工大学出版社,2008.
[8] 程玉光.汽车车损与定损[M].北京:人民交通出版社,2005.
[9] 李景芝,赵长利.汽车保险与理赔[M].北京:国防工业出版社,2007.
[10] 荆叶平,王俊喜.汽车保险与公估[M].北京:人民交通出版社,2009.
[11] 汤奇国.汽车车身修复[M].南京:江苏科学技术出版社,2010.
[12] 韩星.汽车车身修复技术[M].北京:人民交通出版社,2009.